Surfen

Empfohlen vom
Deutschen Sportbund

fit mit®

Heinrich Mönster
Karl-Heinz Eden
Behrus Bohr

Surfen

FALKEN

»Fit mit« ist eine Reihe moderner Sportbücher, die der FALKEN Verlag in Zusammenarbeit mit dem Deutschen Sportbund herausgibt und die jung und alt zum Mitmachen anregen will.

Bisher sind erschienen:

Fit mit Kegeln (Nr. 2301)
Fit mit Volleyball (Nr. 2302)
Fit mit Tanzen (Nr. 2303)
Fit mit Stretching (Nr. 2304)
Fit mit Tai Chi als sanfte Körpererfahrung (Nr. 2305)
Fit mit Sportabzeichen (Nr. 2307)
Fit mit Karate (Nr. 2308)
Fit mit Fußball (Nr. 2309)
Fit mit Bio-Training (Nr. 2310)
Fit mit Squash (Nr. 2311)
Fit mit Laufen (Nr. 2315)

CIP-Titelaufnahme der Deutschen Bibliothek

Mönster, Heinrich:
Fit mit Surfen / Heinrich Mönster; Karl-Heinz Eden; Behrus Bohr. –
Niedernhausen/Ts.: FALKEN, 1989
(FALKEN Bücherei)
ISBN 3-8068-2317-0
NE: Eden, Karl-Heinz:; Bohr, Behrus:

ISBN 3 8068 2317-0

Titelbild: Till Gött, Bad Kreuznach
Fotos: Autorenteam, davon 17 aus dem Archiv des DSV, Hamburg; sowie von Uwe Glufke, Hameln (S. 14 oben, 68 unten); Bernd Himmer, Hamburg (S. 13, 71, 72, 73, 93); Karl-Heinz Klein, Kirkel (S. 47); Jan Steenbock, Hamburg (S. 69 unten); Stefan Steimer, Saarbrücken (S. 88, 89 oben).
Zeichnungen: Karl-Heinz Eden, Nienburg

Satz: LibroSatz, Kriftel bei Frankfurt
Druck: Freiburger Graphische Betriebe, Freiburg

817 2635 4453 6271

Inhalt

Vorwort des DSV

Der Deutsche Segler-Verband e. V. (DSV) betreut als Sportfachverband im Deutschen Sportbund (DSB) bundesweit die Aktivitäten der Segelsurfer. Darüber hinaus fördert er die Zusammenarbeit der Surfszene auf internationaler Ebene. In Partnerschaft mit den ihm angeschlossenen ungefähr 1200 Segel- und Segelsurfvereinen initiiert der DSV attraktive Surfveranstaltungen im Regatta- und Breitensportbereich.

Der Freizeitsport und damit verbunden das Ziel, das Segelsurfen auf vielfältige Weise transparent zu machen, steht in diesem Buch im Vordergrund, sei es durch die zusammen mit dem DSB gestarteten Aktionen »gemeinsam aktiv / im Verein ist Sport am schönsten« und »Trimmspiele für Segelsurfer« oder durch neue Wettbewerbe für Einsteiger und Freizeitsurfer. »Fit mit Surfen« zeigt Ihnen auf anschauliche Weise die zahlreichen Anwendungs- und Entwicklungsmöglichkeiten des Segelsurfsports.

Hand in Hand mit dem Breitensportengagement des Deutschen Segler-Verbandes geht das Ausbildungs-, Führerschein- und Prüfsystem, das bei der freiwilligen Kontrolle der erworbenen Kenntnisse hilft. Der DSV setzt sich für einen hohen Ausbildungsstandard ein, denn nur eine gründliche Ausbildung gewährleistet sicheres Surfen.

Ob Segel- oder Surfsportler, wir sitzen alle in einem Boot und sind zugleich Verkehrsteilnehmer mit Rechten und Pflichten gegenüber anderen und unserer Umwelt. In diesem Sinne wollen wir unseren Sport in von uns selbst bestimmter Freiheit ausüben und ihn möglichst frei von äußeren Zwängen halten. Ich begrüße es daher, daß das Autorenteam unter anderem sinnvolle Einstiegsmöglichkeiten in diesen Sport darstellt und über Inhalte einer seriösen Einsteigerschulung informiert.

Ob Sie nun allein oder in der Gruppe, im Verein oder in einer Surfschule, an einer allgemeinbildenden Schule oder Hochschule surfen erlernen, ich bin überzeugt davon, daß Ihnen dieses Buch wertvolle Impulse und dem Segelsurfsport neuen Rückenwind gibt.

Heinrich Schmitz
Vizepräsident des
Deutschen Segler-Verbandes

Vorwort der Autoren

Als vor noch gar nicht so langer Zeit einige abenteuerlustige Sportler ihre ersten Stehversuche auf viel zu schweren Surfbrettern mit bauchigen Segeln und glitschigen Holzgabelbäumen machten, konnten sie sich eines großen Publikums sicher sein. Jeder gesurfte Meter wurde mit Beifall, jeder Sturz mit Gejohle belohnt.

In einem rasanten Tempo haben sich bis heute das Material, die Lernmethoden und die Fahrtechniken verbessert. Surfen ist zu einer Breiten- und Freizeitsportart geworden, die von Kindern und älteren Menschen mit ebensolcher Freude und Faszination betrieben wird wie von den aus den Medien bekannten jungen, sportlichen und braungebrannten Männern und Frauen, die scheinbar mühelos über spritzendes Wasser und hohe Wellen gleiten.

Surfen gilt heute als idealer Ausgleich für die alltägliche, oft von Lärm, Streß, Hektik, schlechter Luft und Bewegungsarmut gekennzeichneten »Lebensqualität«. Nicht umsonst werben viele Reiseveranstalter in ihren Prospekten mit den farbenfrohen Segeln auf türkisfarbenem Wasser als Sinnbild für fröhliche, aktive und abenteuerliche Urlaubstage.

Dieses Buch stellt Ihnen die Sportart Surfen näher vor. Es gibt dem Einsteiger wichtige Informationen über körperliche und gesundheitliche Voraussetzungen, über Ausrüstung und Material.

Es verdeutlicht die neuesten, nach sportwissenschaftlichen Erkenntnissen aufbereiteten Lernmethoden und Techniken und gibt einen Einblick in die Inhalte eines einsteigergerechten Surfunterrichts. Es orientiert sich hierbei an den Vorgaben des Deutschen Segler-Verbandes zum Erwerb des DSV-Segelsurfgrundscheines. Es will und kann jedoch kein Lehrbuch sein, das eine qualifizierte Ausbildungsstätte mit pädagogisch ausgebildeten und erfahrenen Lehrern ersetzt.

»Fit mit Surfen« gibt einen Überblick über die Vielfalt der sportlichen Möglichkeiten und vermittelt sowohl dem Einsteiger als auch dem Fortgeschrittenen Anstöße und Ideen, wie er in diesem Sport für sich und mit anderen weitere Bereiche erschließen kann. Surfen auf einem Funboard, längere Surftouren in unbekannte Reviere, einfache und schwierige Trickfiguren bei Leicht- und Mittelwind, Teilnahme an Wettkämpfen auf niedrigem oder hohem Niveau – der interessierte Surfer hat eine breite und abwechslungsreiche Auswahl.

Auch der Ausbilder kann noch wertvolle Impulse erhalten, da zum Teil erstmalig neue Angebote für den Bereich des Breitensports entwickelt und alte neu aufbereitet worden sind.

Organisatoren von Vereins- und Schulangeboten erhalten darüber hinaus wertvolle Tips und Anregungen für at-

traktive Breitensport- und Jedermannveranstaltungen.
Dieses Buch informiert aber auch über Gefahren für den Surfer und vermeidbare Beeinträchtigungen der Natur, um so das Sicherheits-, Umwelt- und Verantwortungsbewußtsein der Surfer zu fördern.
Es ist nicht zuletzt auch ein Nachschlagewerk, das Begriffe und Fachausdrücke erklärt, über wichtige Anschriften informiert und viele andere, oft gestellte Fragen zum Surfsport beantwortet.
Obwohl wir bereits seit Jahren intensiv das Surfen erleben, ist auch heute noch bei uns eine leichte Unruhe zu spüren, wenn der Wind in den Bäumen raschelt. Dieses Gefühl wünschen wir Ihnen und hoffen, daß dieses Buch ebenfalls einen Beitrag hierzu liefert.

Geschichte des Surfsports

Am 27. März 1968 erhielten die beiden Amerikaner Hoyle Schweitzer und Jim Drake unter der Nummer 716 547 vom amerikanischen Patentamt das Patent für den ersten »Windsurfer« zugesprochen. Die wesentlichen Unterschiede des Surfbretts zum ebenfalls windgetriebenen Segelboot liegen darin, daß die Steuerung nicht mit einem Ruder erfolgt, sondern mittels eines mit dem Brett verbundenen, aber in alle Richtungen dreh- und kippbaren Riggs, und daß der Surfer auf dem Brett stehend dieses Rigg am Gabelbaum hält.

Schon wenig später (1971) kamen die ersten, oft als »Bügelbrett mit Segel« vielfach belächelten Surfbretter nach Deutschland und lösten in den folgenden Jahren einen regelrechten Surfboom aus.

Heute ist das Surfen längst anerkannt; seit 1984 olympische Disziplin. Der Name Surfen hat sich gegenüber Begriffen wie »Windsurfen«, »Segelsurfen« oder »Stehsegeln« eingebürgert, obwohl mit diesem Begriff ursprünglich nur das reine Wellenreiten ohne Segel gemeint war.

So fing es an . . .

Bin ich ein Surfer?

Surfen ist eine Sportart für jedes Alter ab etwa sieben Jahren. Jeder wird nach der ersten Lernphase individuelle Vorlieben für bestimmte »Spielarten« des Surfsports entwickeln und das für sich Sinnvolle und Interessante aussuchen.

Surfen als Familienspaß und Gruppenerlebnis

An vielen Gewässern haben sich Gruppen und Gemeinschaften, Vereine und Clubs aus Surfern gebildet, die ihren Sport als Gemeinschaftserlebnis schätzen. Viele Familien fahren zum nächsten Surfrevier, um das Wochenende oder den Feierabend im Kreise der Familie und von Gleichgesinnten zu verbringen. Sie nutzen ihre Bretter nicht nur als Sport-, sondern auch als Spiel- und Spaßgeräte. An windstillen Tagen dienen sie als Bade- und Spielinseln, Paddelboote oder Sonnenliegen. Da Surfbretter unsinkbar und relativ unempfindlich sind, lassen sich mit ihnen viele Spiele auf dem Wasser erfinden, von denen wir Ihnen einige vorstellen.

Das Surfbrett als Paddelboot

Das Surfbrett als Transportgerät

Das Surfbrett als Familienbrett

Funboardsurfen

Bei vielen Surfern ist das Funboardsurfen »in«. Schon der Name betont den Spaß, der diese Form des Surfens kennzeichnet. Das Funboardsurfen erfordert höhere Windstärken, da die hier benutzten Bretter erst bei bestimmten Mindestgeschwindigkeiten »richtig« fahren, das heißt in ihre »Gleitphase« übergehen. Diese Bretter sind schnell und wendig. Genügend Übung vorausgesetzt, lassen sich mit ihnen Wellen »abreiten« und Sprünge und schnelle Drehungen vollführen. Die Könner unter den Funboardfahrern surfen und springen inzwischen immer waghalsigere Drehungen und Loopings.

360er auf einem Funboard

Wettkampf- oder Regattasurfen

Schon bald nach Einführung des Surfens in Europa bildeten sich sogenannte Regatta- und Klassenvereinigungen, die auf mit Bojen ausgelegten Kursen ihre Kräfte und Fähigkeiten maßen. Es gibt heute eine Reihe von verschiedenen Regatten und Regattaformen, in denen regionale, nationale und internationale Trophäen ausgefahren werden. Angefangen von reinen Dreiecksregatten über Kurs- und Slalomrennen bis hin zum »wave-riding«, in denen die besten Sprünge und Figuren in der Welle gewertet werden – jeder Surfer hat die Möglichkeit, seine Fähigkeiten und sein Können mit anderen zu messen.

Start einer Wettfahrt

Tricksurfen

Eine Spezialdisziplin, die hohe Körperbeherrschung und Balancegefühl voraussetzt beziehungsweise schult, ist das Tricksurfen. Tricksurfer stehen, sitzen und liegen auf dem Brett, fahren es auf der Kante stehend vorwärts und rückwärts, vollführen wahre Tänze und Pirouetten mit dem Rigg und stellen es im wahrsten Sinne des Wortes auf den Kopf. Auch in dieser Disziplin gibt es Wettkämpfe auf verschiedenen Ebenen.

Spagat auf der Kante

Für viele ist Surfen aber auch nur ein Abschalten von den Anstrengungen des Tages in der stimmungsvollen Schönheit der Natur

Gesundheitliche Voraussetzungen

Aus sportärztlicher Sicht werden keine besonderen Anforderungen an die Gesundheit und körperliche Fitneß gestellt. Jeder normal gesunde Mensch kann das Surfen erlernen und diesen Sport bis ins hohe Alter ausüben. Natürlich sollte jeder Einsteiger mit dem Wasser vertraut sein und auch schwimmen können.
Sollten Sie sich Ihrer körperlichen beziehungsweise gesundheitlichen Eignung nicht ganz sicher sein, so befragen Sie Ihren Arzt. Dieses gilt besonders für Bluthochdruckpatienten, Personen mit bereits geschädigter Wirbelsäule oder einer Trommelfellverletzung.
Haltungs- oder möglicherweise andere gesundheitliche Schäden werden heute durch moderne, sportmedizinisch abgesicherte Lernmethoden und Surftechniken sowie entsprechende Ausrüstung und Kleidung vermieden. Unter anderem deshalb ist es wichtig, Bewegungsmuster und Fahrtechniken in einer verantwortungsvollen Ausbildungsstätte zu erlernen, in der Haltungs- und Fahrfehler von vornherein erkannt und korrigiert werden.

Zeitlicher und materieller Aufwand

Sicherlich sind bei der Entscheidung für oder gegen das Surfen auch die Fragen nach dem zeitlichen Aufwand und den aufzubringenden Kosten wichtig.
Der zeitliche Aufwand ist abhängig von der Entfernung zum nächsten Surfrevier und davon, wie intensiv und mit welchem Schwerpunkt Sie diesen Sport betreiben wollen. Ein geübter Surfer wird sein gut vorbereitetes Material in etwa einer Viertelstunde aufgebaut und sich umgezogen haben. Etwa die gleiche Zeit muß er für das Abbauen rechnen. Die reinen Fahrzeiten und die Zeit, die er für das Lagern des Materials zu Hause benötigt, kommen noch hinzu.
Die Kosten für die Anschaffung des notwendigen Materials liegen zwischen ungefähr 800,–– DM für noch gut erhaltene gebrauchte Bretter inklusive Rigg und Kleidung und 4000,–– DM für hohe Ausrüstungsansprüche (neu). Notwendig sind in jedem Fall Surfbrett und Rigg mit entsprechendem Zubehör, Kälteschutzkleidung und Transportmöglichkeiten. (Nähere Angaben zu den Bestandteilen der Ausrüstung finden Sie in der 3. Stufe.)

Wie finde ich den Einstieg?

Die beste Entscheidungshilfe für oder gegen das Surfen ist es, diesen Sport praktisch auszuprobieren. Hier bieten sich in der Regel mehrere Möglichkeiten, ohne gleich eine komplette Ausrüstung kaufen zu müssen.

- Wenden Sie sich an einen Surfclub in Ihrer Nähe. Vereine haben in der Regel geeignetes Material zur Verfügung und ermöglichen dem Interessenten kostenlos oder gegen eine geringe Gebühr ein Probesurfen unter fachkundiger Anleitung.
- Beim Deutschen Segler-Verband organisierte Vereine bieten sogenannte »Jedermann«- oder »gemeinsam-aktiv«-Veranstaltungen an. Dort werden Sie gemeinsam mit anderen den Surfsport kostenlos kennenlernen, wobei zusätzlich ein meist interessantes Rahmenprogramm für jung und alt geboten wird (siehe auch 6. Stufe). Lediglich Badebekleidung, Handtuch und alte Turnschuhe sollten Sie mitbringen. Sollte kein Verein in Ihrer Nähe diese Möglichkeit bieten, so können die zuständigen Landesseglerverbände oder der DSV Hilfestellung leisten.
- Kommerzielle Surfschulen bieten relativ kostengünstige »Schnupperkurse« an. Eine gut geführte Surfschule ist einem Verband angeschlossen. Sie gibt es sicherlich auch in Ihrer Nähe.
- Viele Reiseveranstalter haben Urlaubsreisen mit Surfschulungen in ihrem Programm. Hier sollten Sie sich, wie bei anderen Surfschulungen auch, vorher nach der Qualität der Ausbildung und des Materials erkundigen.

Aus der Jedermannveranstaltung eines Vereins

- Immer mehr allgemein- und berufsbildende Schulen, Hochschulen und Universitäten bieten Surfen im Rahmen des Faches Sport oder in Arbeitsgemeinschaften an. Schüler, Studenten und Bedienstete solcher Institutionen haben hier natürlich die beste Chance, in diesen Sport einzusteigen.
- Wenn Sie surfende Freunde oder Bekannte haben, können Sie sich natürlich von ihnen das Material ausleihen und ein paar Probestunden nehmen. Hier ist jedoch Vorsicht geboten: Oft sieht man Anfänger zwischen Badenden oder anderen Surfern ihre ersten Stehversuche machen, ohne sich der Gefahr, die sie für andere bilden können, bewußt zu sein. Hinzu kommt, daß sie oft falsche Anleitungen erhalten und so nach vielen Wasserstürzen frustriert das Material zurückgeben oder – schlimmer noch – aufgrund von Haltungsfehlern mit Rückenschmerzen aufhören.

Dem Probesurfen sollte auf jeden Fall eine gründliche Ausbildung folgen. Teilweise werden noch sieben- bis zehnstündige Kurse angeboten. Sie sind eindeutig zu kurz, um sich anschließend sicher und mit Erfolg auf dem Wasser zu bewegen. Planen Sie mindestens vierzehn bis achtzehn Stunden, verteilt auf mehrere Tage ein, um die Grundelemente in Theorie und Praxis zu beherrschen. Eine Reduzierung der Grundthemen und damit eine mögliche Verminderung der Kursdauer sollten Sie nicht akzeptieren. Dieses Buch gibt Ihnen besonders in der 4. und 5. Stufe einen genauen Überblick über die notwendigen Kursinhalte.

Ist Ihre Entscheidung für das Surfen gefallen?

Dann wünschen wir Ihnen viel Erfolg. Das Material liegt schon für Sie bereit.

Es kann losgehen ...

Wie kann ich mich vorbereiten?

Unsere häufig durch Bewegungsarmut geprägte Lebensweise macht es erforderlich, jeden Sport auf seine präventive Wirkung und gesundheitssportliche Eignung hin zu überprüfen. Beim Surfen werden die unterschiedlichsten körperlichen Fähigkeiten beansprucht, aber auch trainiert:

- die Kraft bei Speedwettbewerben, wo man bewußt zu große Segel fährt,
- die Kraftausdauer bei stundenlangem Starkwindsurfen,
- die Beweglichkeit und die Kraft bei manchen Trickfiguren,
- die Bewegungsschnelligkeit und Reaktionsfähigkeit beim Surfen in der Welle, und
- die Koordination übergreifend bei allen Situationen im Surfsport.

Folgende Muskelgruppen sind maßgeblich beansprucht:

- die Unterschenkelmuskulatur, um mit den Füßen die Brettlage zu verändern,
- die Bauch- und besonders die Rükkenmuskulatur bei Veränderung der Körperlage,
- die Oberarm- und Schultermuskulatur bei Veränderung der Riggposition,
- die Unterarmmuskulatur beim Festhalten des Gabelbaums.

Sportarten, bei denen der Kreislauf gleichförmig belastet wird (z. B. Jogging, Schwimmen, Rudern, Radfahren), sind eine sinnvolle Ergänzung zum Surfen. Diese Sportarten können im Winter zur Vorbereitung und im Sommer als Zusatztraining dienen.

Es gibt verschiedene Gründe, sich vor dem Surfen aufzuwärmen:

- Durch ein sportartspezifisches Aufwärmen wird die Leistungsfähigkeit, aber auch die Leistungsbereitschaft verbessert und das Verletzungsrisiko vermindert.
- Das aktive Aufwärmen, z. B. durch Seilspringen oder Gymnastik, ist dabei weitaus effektiver als das passive, z. B. durch Sauna oder warme Kleidung, da hierbei nicht nur die Muskeln an ihrer Oberfläche, sondern auch an den tieferliegenden Muskelfasern erwärmt werden.

Die abgebildeten Übungen bilden ein mögliches surfspezifisches Stretchingprogramm (eine moderne Methode des Beweglichkeitstrainings), das sowohl aufwärmen als auch entspannen kann. Vor dem Surfen verhindert ein solches Aufwärmen, daß noch kalte und unflexible Muskeln übermäßige Belastungen der Sehnen und Gelenke hervorrufen.

Nach dem Surfen hilft es, die eventuell nach dem Erkalten der Muskulatur einsetzende Verspannung durch innere Erwärmung zu lösen und dadurch eine Erholung zu beschleunigen.

Die einzelnen Übungen sollten wie folgt ausgeführt werden:
Abgebildete Position so einnehmen, daß eine deutliche aber noch angenehme Muskeldehnung spürbar ist, etwa 30 Sekunden verharren. Der beanspruchte Muskel hat nun genügend Zeit, sich zu erwärmen und geschmeidiger zu werden. Nach Ablauf der Zeit, Dehnung für weitere 30 Sekunden verstärken. Tritt in irgendeiner Phase ein unangenehmes Schmerzgefühl auf, etwas nachgeben.
Alle Übungen werden ohne zusätzliche Bewegungen und mit ruhiger, gleichmäßiger Atmung sowie in entspanntem Körperzustand durchgeführt.

Zusätzliche Stretchingübungen
- aufrecht stehend an einer Wand abstützen, Füße nach hinten versetzen (Wadenmuskulatur)
- sitzend Fußsohlen zusammenbringen, Füße zum Gesäß ziehen, Knie Richtung Boden drücken (Leistenbereich).

Zusätzliches Wintertraining
- Schnur, an der ein Gewicht hängt, auf einen Besenstiel auf- und abrollen (Unterarmmuskulatur)
- erleichterte Klimmzüge: sitzend mit ausgestreckten Beinen, möglichst viele Wiederholungen (Arm- und Schultermuskulatur).

Übung 1 Schulter- und Rückenmuskulatur

Übung 2 Schulter- und Brustmuskulatur

Übung 3: Rücken- und Gesäßmuskulatur

Übung 4: Rücken- und Oberschenkelmuskulatur

Übung 5: Unterarmmuskulatur

Übung 6: Oberarm-, Schultermuskulatur

Übung 7: Oberarm-, Schultermuskulatur

Übung 8: Untere Rückenmuskulatur

Die Ausrüstung des Surfers

Bretteile

Mit Bug bezeichnet man den vorderen Teil des Brettes. Hier befindet sich die Abschleppöse, an der bei Bedarf die Abschleppleine befestigt wird.
Die Mastspur nimmt den Mastfuß auf und ist meistens verstellbar. Die Einstellung ist abhängig von der Segelgröße und -form, vom Gewicht und Fahrstil des Surfers, aber auch von der Stärke und Richtung des Windes.
Im Schwertkasten ist das Schwert meist klappbar gelagert. Das Schwert vermindert das seitliche Abtreiben des Brettes (Abdrift) und erhöht seine Kippstabilität.
Fußschlaufen geben dem Surfer bei stärkerem Wind mehr Halt.
Die Finne erhöht die Richtungsstabilität.
Mit Heck bezeichnet man den hinteren Teil des Brettes.

Riggteile

Das obere Ende des Masts wird Masttopp genannt, am unteren Ende befindet sich der Mastfuß. Das Segel besteht aus einem windundurchlässigen Tuch. An seiner vorderen Kante – dem Vorliek – ist eine Masttasche angenäht, in die der Mast gesteckt wird.
Das Segel wird zwischen Masttopp und Mastfuß mit dem Vorliekstrecker getrimmt (gespannt). Er befindet sich zwischen Mastfuß und der unteren Ecke des Segels – dem Segelhals. Manche Segel lassen ihr Vorliek zusätzlich zwischen Masttopp und oberer Ecke des Segels – dem Segelkopf – trimmen.
Weiterhin wird das Segel in den Gabelbaum eingespannt, der vorne mit dem Masttampen am Mast befestigt ist. Die hintere Ecke des Segels – das Schothorn – wird mit der Trimmschot am Gabelbaumende getrimmt.
Um das Profil des Segels zu unterstützen und seine hintere und untere Kante – Achterliek und Unterliek – zu versteifen, befinden sich in aufgenähten Lattentaschen die Segellatten. Am vorderen Ende des Gabelbaums ist zum Aufholen des Riggs die Aufholschot befestigt.
Um zu verhindern, daß Brett und Rigg auseinander treiben, wenn der Mastfuß sich unbeabsichtigt löst, sind sie mit der Riggsicherung miteinander verbunden.

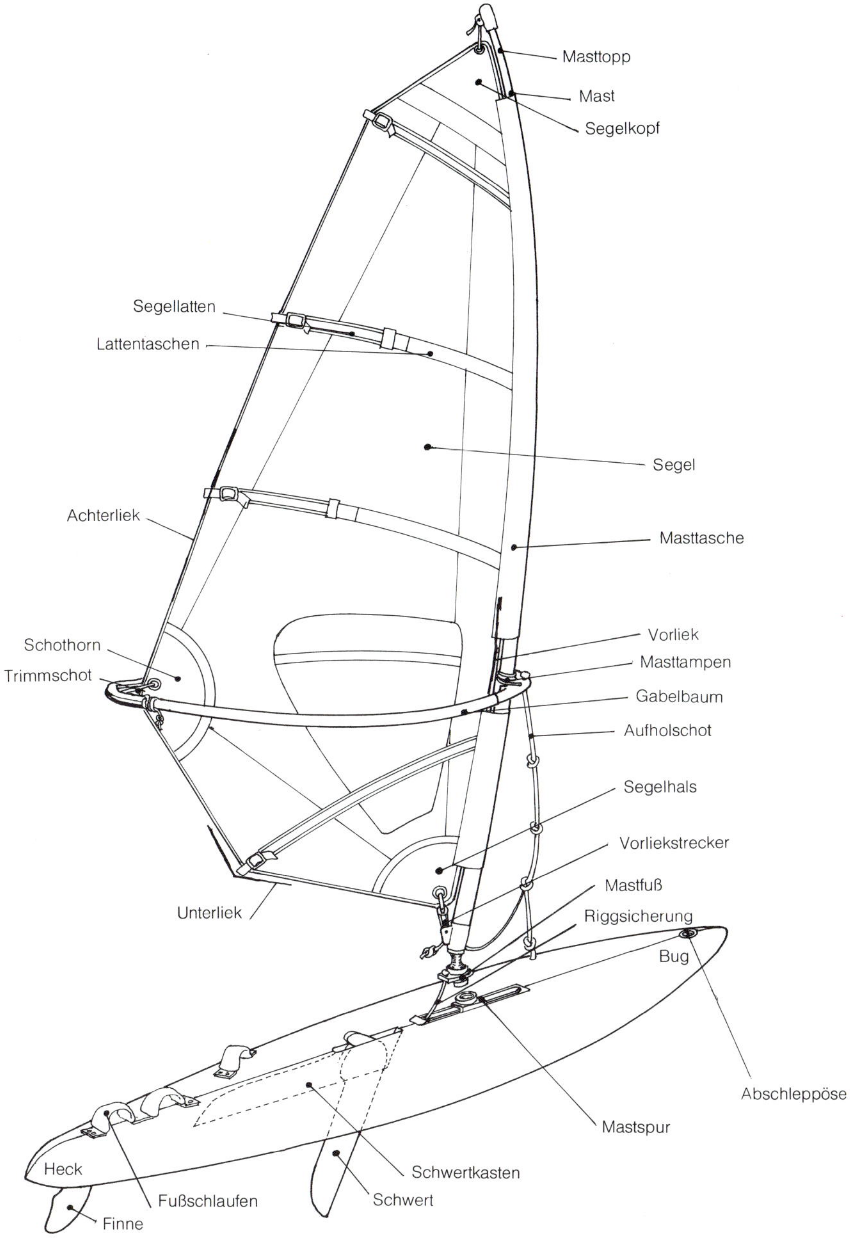
Masttopp
Mast
Segelkopf
Segellatten
Lattentaschen
Segel
Achterliek
Masttasche
Vorliek
Masttampen
Schothorn
Trimmschot
Gabelbaum
Aufholschot
Segelhals
Vorliekstrecker
Mastfuß
Riggsicherung
Unterliek
Bug
Abschleppöse
Mastspur
Heck
Schwertkasten
Fußschlaufen
Schwert
Finne

Eine Vielzahl von unterschiedlichen Brettarten, -formen und -größen und ein ebenso großes Angebot an Segeln und sonstigem Zubehör bereiten dem Kunden die Qual der Wahl. Die folgende kleine Brett- und Riggkunde hilft bei einer Kaufentscheidung, kann aber eine fundierte Beratung nicht ersetzen. Gute Surfläden sollten es dem Kunden ermöglichen, in Frage kommende Bretter und Riggs zu testen.

Alle Bretter bestehen aus einem Kern und einer Außenhaut. Der Kern ist in der Regel ein leichter und harter Kunststoffschaum, der die Außenhaut stützt und gleichzeitig Auftriebskörper ist.
Die Außenhaut besteht überwiegend aus Kunststoff. Es gibt drei wesentliche Kunststoffgruppen, die im Brettbau eingesetzt werden. Ihre Eigenschaften können eine Kaufentscheidung durchaus beeinflussen.

<u>PE (Polyethylen)</u> ist ein thermoplastischer Kunststoff, das heißt, er wird durch Wärmeeinwirkung verformt und verarbeitet. PE ist schwerer und billiger als die anderen Kunststoffe. Es ist schlagunempfindlich und kann nur vom Fachmann repariert werden.

<u>ASA/ABS (Acrylnitril-Styrol-Acrylester/ Acrylnitril-Butadien-Styrol)</u> sind ebenfalls thermoplastische Kunststoffe, die aber in der Regel leichter und in der Oberfläche glatter sind. Das Material ist relativ unempfindlich, Reparaturen können heute verhältnismäßig leicht ausgeführt werden.

<u>GfK (glasfaserverstärkte Kunststoffe)</u> sind Duroplaste, das heißt, daß sie nach dem Aushärten nicht mehr verformt werden können. GfK-Bretter sind schlagempfindlicher und teurer als Thermoplastbretter, können dafür aber verhältnismäßig leicht selbst repariert werden. Zudem sind sie in der Regel steifer und leichter als andere Bretter.

Es wird zur Zeit mehr und mehr dazu übergegangen, verschiedene Materialkombinationen im Brettbau einzusetzen, um die Vorteile der einzelnen Kunststoffe auszunutzen und die Nachteile möglichst zu umgehen.

Form und Größe von Surfbrettern bestimmen ihren Einsatzbereich. Grundsätzlich läßt sich sagen: Je geringer das Volumen des Brettes, desto größer sind die Anforderungen an das Können des Fahrers.
Für den erwachsenen Einsteiger gilt folgende Faustregel:

eigenes Körpergewicht	70 kg
+ Brettgewicht	16 kg
+ Riggewicht	10 kg
+ Gewicht der Kleidung	4 kg
+ zusätzlich 100 kg (entspricht dem für Einsteiger sinnvollen Überschußvolumen)	100 kg
= Volumen eines einsteigertauglichen Brettes in Litern	200

Bretttypen

Raceboards sind lange, relativ schmale Bretter mit großem Schwert. Sie werden vor allem in speziellen Regatten eingesetzt.

Allround(-fun)boards sind Bretter mit Schwert und einem relativ großen Einsatzbereich. Sie sind in der Regel kürzer und breiter als Raceboards.

Funboards sind kürzere Bretter mit oder ohne Schwert. Aufgrund ihres geringen Volumens erfordern sie ein höheres Fahrkönnen. Sie sind leicht und wendig und benötigen höhere Windstärken. Funboards mit Schwert und einer Länge von etwa 3,20 bis 3,40 m sind ideale Bretter für Kinder.

Verdränger dagegen sind lange, großvolumige Regattabretter. Im Gegensatz zu den abgebildeten Brettern haben sie ein rundes, gewölbtes Unterwasserschiff ähnlich dem eines Segelboots. Sie erreichen bei geringen Windstärken schon relativ hohe Geschwindigkeiten, sind aber besonders bei stärkerem Wind sehr schwer zu fahren und, bedingt durch ihre Form, sehr kippelig.

Sinker sind Funboards, die kein Überschußvolumen mehr haben. Für sie gelten besondere Vorsichtsmaßregeln, da sie ein besonders hohes Fahrkönnen erfordern und bei zu niedrigen Windstärken oder bei Materialschäden den Fahrer nicht mehr tragen.

Bretttypen (von links nach rechts) (Maße sind Herstellerangaben): Sinker, 260 cm, ca. 8 kg, ca. 80 l; Sinker, 272 cm, ca. 7,9 kg, ca. 90 l; Funboard ohne Schwert, 295 cm, ca. 10 kg, ca. 115 l; Funboard mit Schwert, 320 cm, ca. 12,9 kg, ca. 155 l; Raceboard, 375 cm, ca. 14 kg, ca. 210 l.

Riggarten

Für unterschiedliche Windstärken, Revierbedingungen, Fahrkönnen und Körpergewichte der Surfer sowie Einsatzbereiche der Bretter werden im Handel in Größe, Schnitt und Material unterschiedliche Segel angeboten. Die Segelgrößen reichen von 2,5-m^2-Starkwind- bis zu 10-m^2-Leichtwindsegeln.

Allroundsegel mit Duo-Batten-System sind für Einsteiger geeignet. Je nach Körpergewicht und -kräften sollten die Segel etwa 4,5 bis 6 m^2 groß sein. Diese lassen sich sowohl mit langen, bis zum Mast durchgehenden, als auch mit kurzen Segellatten ausrüsten. Die kurzen Latten ermöglichen dem Einsteiger eine bessere Kontrolle der Segelstellung, da das Segel im Vorliekbereich flattern (killen) kann. Die durchgehenden Latten formen ein relativ starres Segelprofil, der Segeldruckpunkt bleibt stabil und das Rigg leistet mehr Vortrieb.

Spezialsegel haben einen kleineren Einsatzbereich. Abgesehen von vielen, oft herstellertypischen Segelformen und -varianten wird hier unterschieden zwischen Manöver-, Speed- und Slalomsegel.

Manöversegel haben ein hochgeschnittenes Unterliek und sind für kurze Gabelbäume gefertigt. Ihr Einsatzbereich ist vornehmlich Welle und Brandung. Sie ermöglichen schnelle und ausgefallene Manöver, ohne daß das Gabelbaumende die Wasseroberfläche berührt.

Speedsegel haben ein tief geschnittenes Unterliek, um maximalen Vortrieb zu erzeugen. Durch Schaumkörper in der Masttasche (Schaumprofilsegel) oder durch am Mast abgestützte Latten (Camber-Inducer-Segel) wird versucht, die Effektivität der Riggs zu verbessern.

Slalomsegel sind ein Kompromiß aus beiden vorgenannten Segelarten und versuchen die Vorteile beider zu nutzen.

Riggarten
(von links nach rechts):
Manöversegel (Allround)
Kinderrigg
Allroundsegel (Slalom)
Schaumprofilsegel

Kinderriggs sind kleiner und leichter als die der Erwachsenen. Sie haben leichte Masten und Gabelbäume sowie 2,5 bis 3,5 m² große Segel. Halteschlaufen sollten hier die Masttasche ersetzen, da eingedrungenes Wasser das Segelaufholen unnötig schwer machen würde.

Kleidung

»Wozu brauche ich Surfbekleidung, ich surfe nur, wenn Luft und Wasser Badetemperatur haben.«
So denken offensichtlich viele Surfer, die barfuß und nur in Badebekleidung einen Sturz ins Wasser als willkommene Abkühlung betrachten. Wasser auf der Haut verdunstet und entzieht dem Körper auch dann noch Wärme, wenn man schon lange wieder auf dem Brett steht. Der Wind verstärkt diesen Vorgang noch. Vor allem im Nieren- und Harnwegsbereich kommt es dann zu Unterkühlungen, gesundheitliche Schäden sind die Folge. Daher sollten Surfer immer angemessene Kleidung tragen. Bei schönem Wetter kann dies ein sogenannter Shorty oder Neoprenbadeanzug sein. Ansonsten hat sich vor allem der Long-John mit Bolero durchgesetzt, weil er vielseitig und preisgünstig ist. Er sollte körpernah, aber nicht einengend geschnitten sein. Für kalte Tage sind besonders Semi-Trocken- oder Trokkenanzüge geeignet, die das Eindringen von Wasser weitgehend verhindern. Auch zuviel Sonne kann zu gesundheitlichen Schäden oder Beeinträchtigungen führen. Der Sonnenbrand ist nur eine der geringsten. Die Wasseroberfläche reflektiert die Sonnenstrahlen, deren Wirkung daher schneller eintritt und nachhaltiger ist als bei einem Sonnenbad an Land. Wer an sonnigen Tagen viel surft, sollte seine Haut und seinen Kopf schützen. Bedenken Sie, daß wasserfeste Sonnencremes einen rutschigen Film auf dem Brett hinterlassen können; mit angemessener Kleidung vermeiden Sie solche Risiken.

Kleidung
(von links nach rechts):
Neopren-Bermuda-Shorts
Neopren-Badeanzug
Trockenanzug
Long-John mit Bolero
Shorty

Was gehört zu den Grundelementen?

Sie haben bestimmt schon Surfer gesehen, die wie von Geisterhand getrieben bei einem nur lauen Lüftchen ihre Linien auf das glitzernde Wasser zeichnen. Spielerisch leicht sieht das aus.
Ist es auch, denn die ersten Lernschritte im Surfen sind von so einfacher Struktur, daß sich Erfolgserlebnisse schnell einstellen. Versierte Anleitung, entsprechendes Revier, geeignetes Material und optimale Wetterbedingungen vorausgesetzt.

Was gehört zum Surfenkönnen?
Folgende Grundelemente gehören zum »Kleinen 1x1« des Surfers:

- Segelaufholen
- Starten
- Steuern
- Notstop
- Wende
- Halse
- Notabriggen
- Notsignal

Diese praktischen Mindestanforderungen muß jeder Surfer erfüllen, um sich und andere nicht zu gefährden!
Im folgenden erhalten Sie einen Überblick über die technische Ausführung und sinnvolle Abfolge der einzelnen Grundelemente des Surfens.
Zum autodidaktischen Lernen sind die Bildreihen alleine ungeeignet, da sie keinen Aufschluß über dynamische und zeitliche Eigenschaften der Bewegungen zulassen.
DSV-anerkannte Ausbildungsstätten verwenden deshalb ähnliche Bildreihen aus speziell konzipierten Lehrmaterialien nur unterrichtsbegleitend.
Die Autoren haben im Auftrag des Deutschen Segler-Verbandes besonders für die hier in Stufe 4 und 5 aufgeführten Inhalte folgende unterrichtsbegleitende Arbeitsbücher entwickelt: DSV (Hrg.): »Surfen für Einsteiger«, DSV-Verlag
DSV (Hrg.): »Surfen für Jungen und Mädchen«, DSV-Verlag.
Über die praktischen Inhalte hinaus gehören auch theoretische Kenntnisse und soziale Verhaltensweisen zum Surfenkönnen dazu.

Winderkennung

Ohne Wind geht nichts!
Surfen gehört zu den Wassersportarten, ist aber eher ein »Windsport«. Um nämlich das genial einfache Prinzip eines Surfriggs zu nutzen, ist eine Wasserfläche nicht unbedingt erforderlich, wie uns die Strand-, Eis- und Asphaltsurfer zeigen, auch wenn kein »Trockensurfer« auf das unbestritten abwechslungsreichere Element Wasser verzichten möchte.

Den Wind als »Motor« brauchen sie alle. Richtig genutzt wird er zum wahren Freund, arbeitet man gegen ihn, so ist der Ausgang dieses ungleichen Kampfes schon festgelegt.
Um den Wind für sich arbeiten zu lassen, muß man seine Richtung kennen. Orientierung auf dem Wasser ist immer auch Orientierung an der Windrichtung. In der folgenden Zeichnung sind verschiedene Möglichkeiten der Windrichtungserkennung zusammengefaßt. Hierbei sind die Begriffe LEE und LUV von Bedeutung.

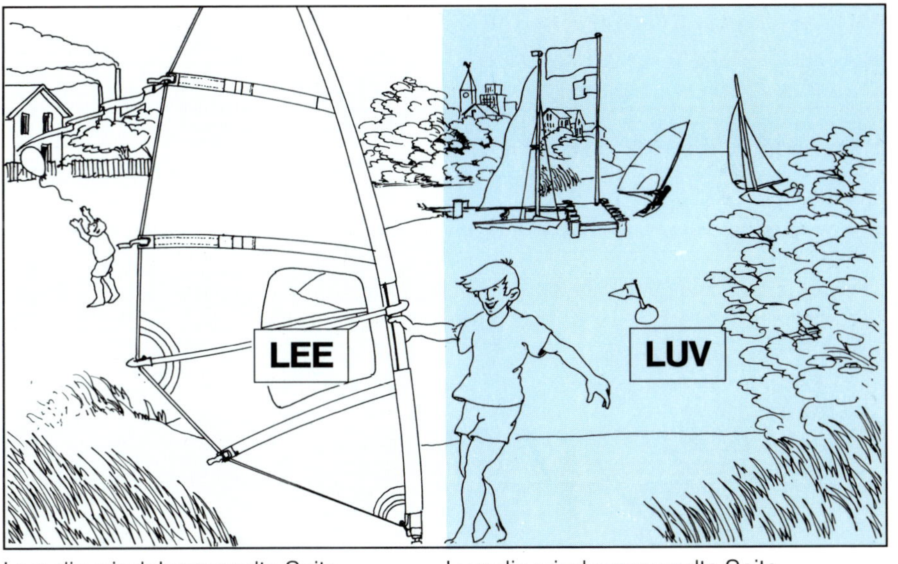

Lee: die windabgewandte Seite

Luv: die windzugewandte Seite

Brettspiele

Die Brettspiele nehmen einen festen Raum im modernen Surfunterricht ein, da sie dem Schüler ermöglichen, das Surfbrett mit seinen unterschiedlichen Reaktionen kennenzulernen. Da fast alle Übungen der Gleichgewichtsschulung dienen, wird eine zentrale Anforderung beim Surfen – Einnehmen und Erhalten einer stabilen und somit bewegungsbereiten Position – intensiv geübt.
Mit den Brettspielen lassen sich aber nicht nur vereinfacht Lerninhalte vermitteln, sondern sie machen auch Spaß. Zusätzlich bieten sie ideale Möglichkeiten, erste Kontakte in einer neuen Gruppe zu knüpfen. Sie sehen hier nur einen Querschnitt aus dem unerschöpflichen Angebot an einzelnen Übungen. Achten Sie bei diesen Spielen immer auf ausreichenden Sicherheitsabstand!

»Wackelübung« zu zweit

Kopfstand

Brettertausch

Froschmann

Brettversenken

Lokomotive

Riggspiele

Durch Riggspiele an Land wird der erste Kontakt zum »Windmotor« hergestellt. Mit ihnen läßt sich das Gefühl für den Segeldruck, für Drehungen und Verschiebungen des Riggs entwickeln, um mit den gemachten Erfahrungen auf dem Wasser viel eher Erfolg zu haben. Im Einsteigerbereich werden die Riggspiele auf die Grundelemente zugeschnitten, aber auch der Fortgeschrittene nutzt sie, um komplexe Bewegungen einzustudieren.

Segel loslassen und abhocken …

… unter dem Segel durchtauchen

Segeldrehung

Laufspiel

Partnerübung zum Segelaufholen

Segelaufholen

Die Technik des Segelaufholens muß folgende Kriterien erfüllen:
- die Wirbelsäule möglichst wenig und nur senkrecht belasten, da bei gebeugten Rücken die zwischen den Wirbelkörpern liegenden Bandscheiben unnötig belastet werden,
- das Rigg sollte kraftsparend aus dem Wasser aufgeholt werden können.

Die hier dargestellte Technik erfüllt beide Kriterien optimal. Durch das einhändige Greifen der Aufholschot wird eine aufrechte Körperhaltung ermöglicht und durch die Drehung der freien Schulter nach Luv fixiert. In der ersten Phase des Aufholens wird das wassergefüllte Segel mit dem eigenen Körpergewicht und gestreckten Arm nur leicht angehoben. Nach dem Ablaufen des Wassers kann das nur noch ca. 10 kg schwere Rigg zügig aufgeholt werden.

Bei Kindern sollte besonders auf eine aufrechte Körperhaltung geachtet werden, da ihre noch schwach ausgebildete Bauch- und Rückenmuskulatur die Wirbelsäule nicht ausreichend entlastet.

Auftriebshilfen am Masttopp und spezielle Aufholschoten erleichtern den Kindern das Segelaufholen zusätzlich.

Sollte das Rigg nicht wie auf der Bildreihe in Lee liegen, so wird es genau wie im ersten Bild leicht angehoben und dann eine längere Pause eingelegt. Der Wind dreht nun das Brett ohne weiteres eigenes Zutun bis in die Aufholposition in Lee.

Brett liegt quer zum Wind (Halbwind), Arm lang, Körpergewicht nach Luv

Mast greifen (Grundstellung)

Rigg zügig weiter aufholen

Start

Das wesentliche Element des Startes besteht darin, das Rigg soweit nach Luv zu ziehen, bis es von alleine steht. Dabei kann auf Erfahrungen aus den Riggspielen zurückgegriffen werden.
Gestartet wird aus der Grundstellung. Nun sollten alle Bewegungen ohne Pause bis zur Geradeausfahrt erfolgen, um die drucklose Phase im Segel (Segel nicht mit Wind gefüllt) und die instabile Lage des Brettes durch Fahrtaufnahme zu verkürzen.
Bei allen Aktionen sollte der Surfer prinzipiell folgendes beachten: Eine stabile und bewegungsbereite Körperposition ist besser möglich, wenn die Körperachsen (Schulter-, Hüft-, Knie- und Fußachse) parallel zueinander stehen, also keine in sich verdrehte Körperhaltung vorliegt.

Grundstellung – freien Raum überprüfen

... Segelhand auflegen, Rigg durch Rückdrehen des Oberkörpers dichtholen, Fahrtrichtung kontrollieren

Rigg dicht am Körper vorbei nach Luv, gleichzeitig vorderen Fuß hinter den Mast und ...

Steuern

Zur Richtungsänderung eines Surfbrettes wird das Rigg in der Segelebene nach Lee oder Luv verschoben.
Jede Veränderung des Anstellwinkels zum Wind würde den Vortrieb des Segels und somit auch die Steuerreaktion des Brettes verschlechtern. Ausgehend von der Geradeausfahrt nach dem Start, wird die Masthand vom Mast an den Gabelbaum genommen (Fahrstellung).
Verändert das Brett seinen Kurs
- und fährt vom Wind weg (nach Lee), so spricht man von abfallen.
- fährt es zum Wind hin (nach Luv), so spricht man von anluven.

Geradeausfahrt: Gabelbaum etwa parallel zum Wasser, Blick in Fahrtrichtung

Abfallen: Freien Raum in Lee überprüfen, Rigg nach Luv verschieben, Bug dreht weg vom Wind

Anluven: Freien Raum in Luv überprüfen, Rigg nach Lee verschieben, Bug dreht zum Wind

Wende

Die Wende ist eine Richtungsänderung, bei der der Bug durch den Wind dreht und die Segelseite gewechselt wird. Um die drucklose und daher instabile Phase zu verkürzen, wird der Segelseitenwechsel zügig durchgeführt, aber erst nachdem das Brett durch den Wind gedreht hat. So wird unbeabsichtigtes Zurückdrehen des Brettes vermieden. Während des Segelseitenwechsels wird der Kopf aktiv in die neue Fahrtrichtung herumgedreht, um einen Drehimpuls auf den Körper zu erzeugen. Ansonsten bleibt aus Sicherheitsgründen der Blick über den Bug nach vorne gerichtet.

Freien Raum in Luv überprüfen – Masthand an den Mast, vorderer Fuß vor den Mast – anluven, vorderen Arm nach Lee strecken

Bug dreht zum Wind, Blick über den Bug nach vorn

Bug durch den Wind
– Segelhand loslassen und Segelseite schnell wechseln …

… gleich wieder dichtholen und abfallen
– Fahrstellung einnehmen

Halse

Die Halse ist eine Richtungsänderung, bei der das Heck durch den Wind dreht und die Segelseite durch Umklappen des Riggs gewechselt wird. Nach dem Abfallen bis auf Vorwindkurs (Brett fährt genau in Windrichtung), wird mit dem Gabelbaumende nach vorne (Schothorn-voraus) angeluvt. Wenn der Wind schräg von hinten einfällt (Raumwindkurs), läßt der Surfer das Segel umklappen, indem er die Segelhand löst.

Freien Raum in Lee überprüfen
– abfallen, vorderen Fuß nach hinten versetzen
– weiter abfallen bis Vorwindkurs …

… und mit Schothorn voraus anluven
– Füße und Hände näher zum Mast

Segelhand lösen, Mast greifen und gleichzeitig Mast aktiv dicht am Körper vorbei nach Luv ziehen ...

... gleich wieder dichtholen und anluven

Verhalten im Notfall

Notstop

Mast mit der Masthand nach Luv ziehen und gleichzeitig mit der Segelhand das Segel gegen den Wind drücken (backhalten)

Abschleppen

Schwert wegklappen, in Luv des Schleppers am Mastfuß oder an einer Fußschlaufe festhalten oder eine Abschleppleine benutzen

Notabriggen

Mastfuß lösen, Segellatten herausnehmen, Trimmschot lösen, Segel vom Achter- oder Unterliek her aufrollen und Gabelbaum zum Mast klappen.

Gabelbaum und zusammengerolltes Segel mit Trimm- und Aufholschot am Mast festzurren, Segellatten oberhalb des Gabelbaumes in Masttasche stekken, Rigg auf das Brett legen, Mastfuß wieder befestigen und auf dem Brett liegend paddeln.

Notsignal

Bleiben Sie in Notsituationen immer auf dem Brett (unsinkbare Rettungsinsel), und geben Sie rechtzeitig, deutlich und sichtbar das Notsignal: Fortwährendes Heben und Senken der seitlich ausgestreckten Arme.

Zurückpaddeln bei Schwachwind

Was gehört zum Grundwissen?

Ein Grundrüstzeug an Kenntnissen ist für den Surfer unverzichtbar. Es ist nicht nur Inhalt eines einsteigergerechten Surfunterrichts, sondern gehört auch zur positiven Grundeinstellung eines jeden Surfers. Ob Surffreak oder Freizeitsurfer, jeder sollte wissen, wie er sich auf dem Wasser zu verhalten hat, damit die Sicherheit anderer nicht gefährdet wird und die Natur erhalten bleibt. Ein solches verantwortungsvolles Verhalten hält letztendlich den Surfsport möglichst frei von äußeren Zwängen.
Mehr Wissen = höhere Qualifikation = mehr Sicherheit:
die Zielsetzung dieser 5. Stufe!

Wetter – Sicherheit

Voraussicht und Vorbeugung sind die Grundlagen für Ihre Sicherheit. Damit aus dem gemütlichen Surfen auf dem Baggersee oder aus dem Funboardsurfen in der Brandung der Nordsee kein unkalkulierbares Abenteuer wird, müssen Sie mögliche Gefahren kennen und beurteilen können. Die nachfolgend aufgeführte Liste soll Ihnen als Leitfaden dienen, wenn Sie sich entscheiden, »aufs Wasser zu gehen«.
Checken Sie diese Liste bereits an Land ab. Mit diesem Wissen ist es für Sie leichter, Gefahren vorzubeugen.

Qualifikation
Schätzen Sie die Ihrem Fahrkönnen angemessene Brett- und Segelgröße, Ihre körperliche Verfassung und Ihre Motivationslage realistisch ein und stimmen Sie sie auf die herrschenden Wind-, Wetter- und Revierbedingungen und deren wahrscheinliche Entwicklung ab.

Material
Die Sicherheitskontrolle der Ausrüstung umfaßt Vollständigkeit, Funktionstüchtigkeit und mögliche Beschädigungen.

Sicherheit
Reviergröße und Dauer der Surftour bedingen den Umfang der Sicherheitsausrüstung: Kälteschutzkleidung, Ersatzmaterial, Trapez, Abschleppleine, pyrotechnische Seenotsignale.

Fairneß
Die allgemeinen Verhaltensregeln gewährleisten die Sicherheit und Leichtigkeit des Verkehrs auf dem Wasser. Dazu gehören auch die Beachtung der Ausweichregeln und jeweils gültigen Rechtsordnungen.

Information
Bei einheimischen Vereinen, Surf- und Segelschulen, örtlichen Rettungsdiensten, Hafenmeistereien oder auch bei anderen Wassersportlern erhalten Sie Auskünfte über die vier Info-W.

Erstes W: Wind
Der Wind kann sich durch Abdeckungen in Richtung und Stärke verändern. Informieren Sie sich über die Hauptrichtung und mögliche Änderungen während des Tages. Sie können von den Wettervorhersagen abweichen.

Zweites W: Welle
Brandung erfordert hohes Fahrkönnen und genaue Kenntnisse über Wellenbildung und -formation.
Je stärker der Wind, desto höher werden Windwellen und desto größer sind die Anforderungen an die Balancierfähigkeit und die Kraft des Surfers.

Drittes W: Wasser
Starke Strömung mit großer Abdrift können besonders bei Gezeitengewässern entstehen. Aber auch bei allen anderen Gewässern, selbst bei kleinen Seen, stellen Strömungen, Untiefen oder dicht unter der Wasseroberfläche liegende Hindernisse mögliche Gefahren dar.

Viertes W: Wetter
Surfen Sie bei Gewittergefahr schnell an Land zurück. Ist es hierzu schon zu spät, so legen Sie sich flach aufs Brett und warten Sie, bis das Gewitter vorbei ist.
Neben den bekannten Informationsquellen helfen auch eigene Beobach-

Böenwalze – Gewitter im Anzug

tungen, zum Beispiel der Wolkenbildung, Wetterveränderungen rechtzeitig zu erkennen.

Wußten Sie, daß für ablandigen Wind unter anderem folgende Anzeichen typisch sind: nach außen hin zunehmende Welle, zunehmender Wind, abnehmende Wassertemperatur, Rückkehr durch kräftezehrendes Kreuzen? Sie sollten nicht unterschätzt werden. Tasten Sie sich zuerst mit kleinerem Segel langsam vor, und kreuzen Sie immer wieder auf. Im Zweifelsfalle sollten Sie lieber an Land bleiben!

Starker ablandiger Wind

Wasserverkehrsrecht

Der Deutsche Segler-Verband hat sich mit Energie und Erfolg gegen Bestrebungen durchsetzen können, die Surfbretter als Sportgeräte einzustufen. Durch die Anerkennung als Segelfahrzeug ist das Befahren von Bundeswasserstraßen möglich. Seit diesem Zeitpunkt ist Surfen grundsätzlich erlaubt. Als Kleinfahrzeug (weniger als 20 m unter Segel) sind Surfer und Segler gleichberechtigte Verkehrsteilnehmer. Somit gelten für Surfer die gleichen Verhaltensregeln wie für Segler. Alle Wasserverkehrsteilnehmer müssen bestehende Pflichten und Rechte einhalten.

Informationspflicht
Bevor Sie in fremden Gewässern surfen, haben Sie die Pflicht, sich über die besonderen örtlichen Vorschriften zu informieren. Diese sind zum Teil im Küsten- und Binnenbereich unterschiedlich, zum Beispiel bei Surfverboten und -beschränkungen. Für den deutschen Küstenbereich gelten die Seestraßen- und Seeschiffahrtsstraßenordnung, im Binnenbereich die Binnenschiffahrtsstraßenordnung und die jeweiligen Gewässerverordnungen.

Sorgfaltspflicht
Der Surfer gilt als Schiffsführer und ist damit für sein »Schiff« (Brett) verantwortlich. Vermeiden Sie daher jede Gefährdung, Behinderung oder Belästigung anderer, und tragen Sie dazu bei, daß die Natur erhalten bleibt.

Pflicht zur Hilfeleistung
Kommt es auf dem Wasser zu einer Notsituation, sind Sie zur Hilfeleistung verpflichtet, soweit Sie sich dadurch nicht selbst gefährden. Sollten Sie selbst keine Hilfe leisten können, so holen Sie Hilfe. Daher ist es wichtig, zu wissen, welche örtlichen Hilfsorganisationen es gibt und wie die Rettungsdienste erreichbar sind.

Ausweich- und Kurshaltepflicht
Stellen Sie sich vor, zwei »Kähne« fahren aufeinander zu – und keiner weicht aus! Für drohende Kollisionen ist im Wasserverkehrsrecht genau festgelegt, wie sich derjenige, der Vorfahrt hat, und derjenige, der ausweichen muß, zu verhalten haben.
Der Ausweichpflichtige ändert rechtzeitig und entschlossen seine Fahrtrichtung. Falls erforderlich, vermindert er die Geschwindigkeit oder hält an, um einen Zusammenstoß zu vermeiden.
Der Vorfahrtsberechtigte behält Kurs und Geschwindigkeit bei, damit der andere ausweichen kann! Er ist kurshaltepflichtig.
Sollte der Ausweichpflichtige Sie nicht sehen, so machen Sie auf sich aufmerksam und handeln so, daß die drohende Kollision vermieden wird (Manöver des letzten Augenblicks).

Nicht alle Regelungen können hier besprochen werden. Wollen Sie Ihren Sport ungetrübt ausüben, so informieren Sie sich auf jeden Fall auch über Schallsignale, Fahrwasserkennzeichnungen und Surfverbote.

<table>
<tr><th>Ausweichpflichtig nach BinSchStrO</th><th>nach SeeStrO/SeeSchStrO</th></tr>
<tr><td>Kleinfahrzeuge weichen allen Fahrzeugen und Fähren aus</td><td>Motorfahrzeuge weichen Seglern und Surfern aus</td></tr>
<tr><td rowspan="3">Kleinfahrzeuge untereinander weichen aus:
– Motorfahrzeuge den Seglern und Surfern,
– Segler und Surfer untereinander:
Wind von Backbord weicht Wind von Steuerbord
Luv weicht Lee
Überholer hält sich frei</td><td>Segler und Surfer weichen aus:
– einem fischenden Fahrzeug
– einem manövrierbehinderten Fahrzeug
– einem manövrierunfähigen Fahrzeug
– einem tiefgangbehinderten Fahrzeug</td></tr>
<tr><td>Segler und Surfer untereinander (s. BinSchStrO)</td></tr>
<tr><td>Im Fahrwasser: In der Regel ist Surfen im Fahrwasser verboten, es können jedoch örtliche Ausnahmen bestehen.</td></tr>
</table>

Wer ist im Binnen- bzw. Küstenrevier ausweichpflichtig?

Der Stärkere hat nicht immer recht

Ausweichregeln beachten!

Natur und Umwelt

Kaum ein anderer Sport ist so naturnah wie das Surfen. Ohne die Kräfte der Natur – Wind und Wasser – gäbe es das Surfen nicht. Ohne eine intakte und saubere Umwelt würde es viel von seiner Faszination und seinem Freizeitwert einbüßen. Jeder sollte daher bei der Ausübung seines Sports durch sein Verhalten zum Schutz und zum Erhalt seiner Umwelt beitragen.

Zum Grundwissen des Surfers gehört es daher auf jeden Fall, zu wissen, wie er sich gegenüber der Natur, sowohl auf dem Wasser als auch an Land zu verhalten hat.

Viele unnötige Beeinträchtigungen und Störungen entstehen nur durch Unwissenheit und Gedankenlosigkeit. Darum ist es wichtig:

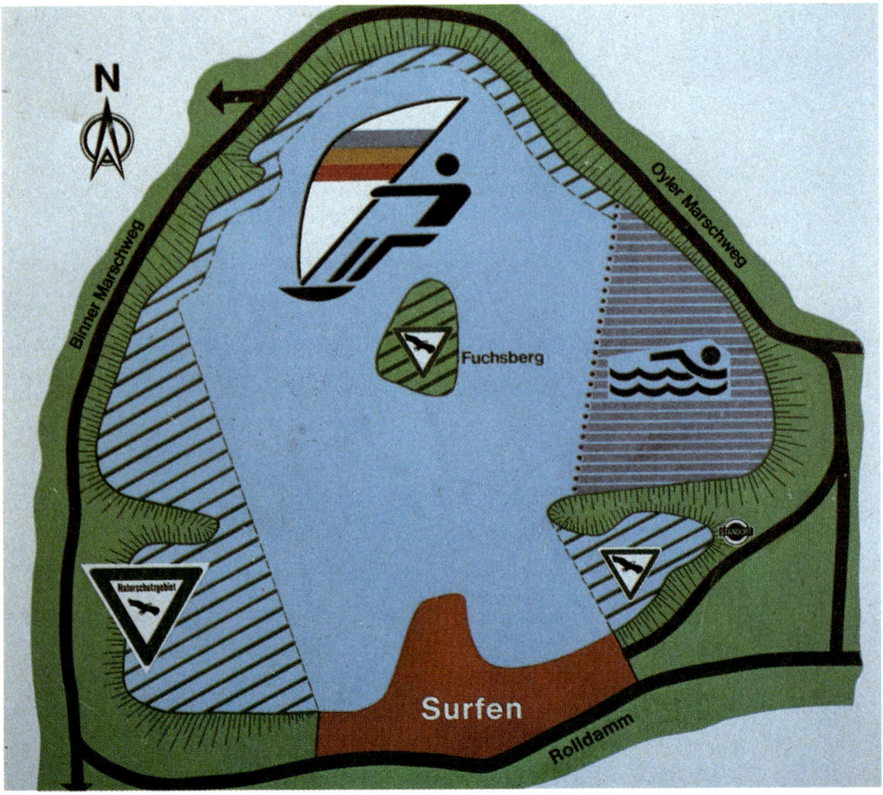

Hier hat jeder sein Revier

- die 10 Goldenen Regeln zu kennen und sich ihnen gemäß zu verhalten,
- sich beim Besuch fremder Reviere zu informieren über Schutzzonen und -maßnahmen, spezielle Verhaltensregeln, erlaubte Zugänge und Zufahrten sowie über andere Besonderheiten.
  Wassersportverbände, Surfvereine und -schulen vor Ort, Kartenwerke und Bücher sowie Naturschutzorganisationen zeigen sich gerne bereit, ausführliche Informationen zu geben,
- andere, die vielleicht aus Unwissenheit oder Gedankenlosigkeit die Umwelt stören oder beeinträchtigen, aufzuklären,
- uneinsichtige Umweltsünder entsprechend zur Verantwortung ziehen zu lassen.

10 Goldene Regeln für das Verhalten von Wassersportlern in der Natur

1. Vermeiden Sie das Einfahren in Röhrichtbestände, Schilfgürtel und dicht bewachsene Ufergebiete. Meiden Sie auch bewachsene Flachwasserzonen, Sand- und Kiesbänke. Sie sind Lebensraum und Laichgebiete für viele Tier- und Pflanzenarten.
2. Halten Sie zu solchen Gebieten einen möglichst großen Abstand.
3. Beachten und befolgen Sie unbedingt die geltenden Vorschriften und Bestimmungen in Naturschutzgebieten.
4. »Feuchtgebiete internationaler Bedeutung« sind besonders geschützte Gebiete für bedrohte Pflanzen und Tiere. Verhalten Sie sich dort besonders rücksichtsvoll.
5. Starten und Landen Sie nur an den dafür vorgesehenen Stellen.
6. Nähern Sie sich auch nicht von Land her dichtbewachsenen Ufergebieten.
7. Meiden Sie in den Watten die Seehundbänke und größere Vogelansammlungen. Halten Sie dort mindestens 300–500 m Abstand.
8. Beobachten und fotografieren Sie Tiere nur aus der Ferne.
9. Halten Sie das Wasser sauber. Abfälle gehören nicht in die Landschaft.
10. Beachten Sie die Bestimmungen auf Ihrem Revier und weisen Sie andere Wassersportler auf sie hin.

Diese hier vereinfacht dargestellten Regeln sind 1980 von den Wassersportspitzenverbänden im Deutschen Sportbund und dem Deutschen Naturschutzring erarbeitet worden.

Knoten

Um die Teile des Surfbretts miteinander zu verbinden, werden verschiedene Knoten benötigt. Richtige Knoten sollten dabei folgende Eigenschaften haben:

- sie sollten dem jeweiligen Zweck angemessen sein,
- sie sollten bei Belastung zuverlässig halten,
- sie müssen auch nach längerer Belastung einfach zu lösen sein.

Die drei hier aufgeführten Knoten und die Mast-Gabelbaum-Verbindung sind die wichtigsten, die der Surfer braucht.

Achtknoten
Er verhindert, daß eine Leine durch eine Klemme oder Öse rutscht

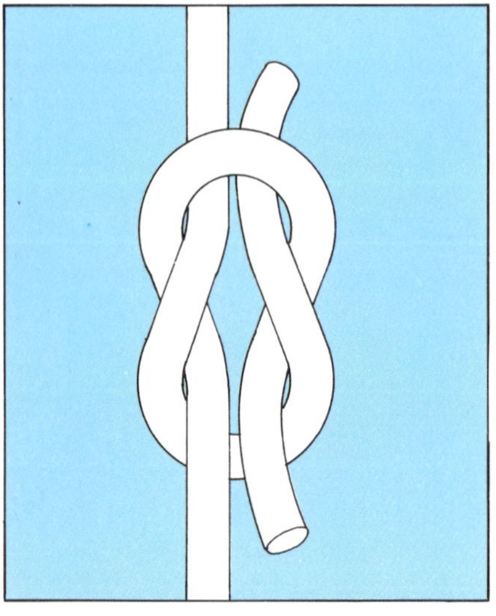

Kreuzknoten
Mit dem Kreuzknoten werden zwei gleichstarke Leinen miteinander verbunden

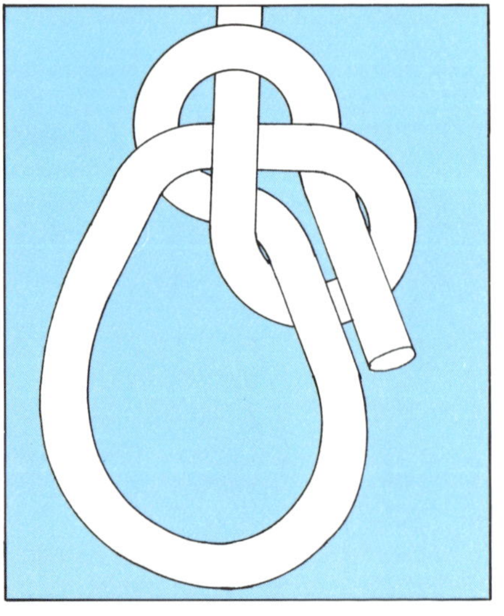

Palstek
Der Palstek ist eine Schlinge, die sich auch unter Belastung nicht zusammenzieht

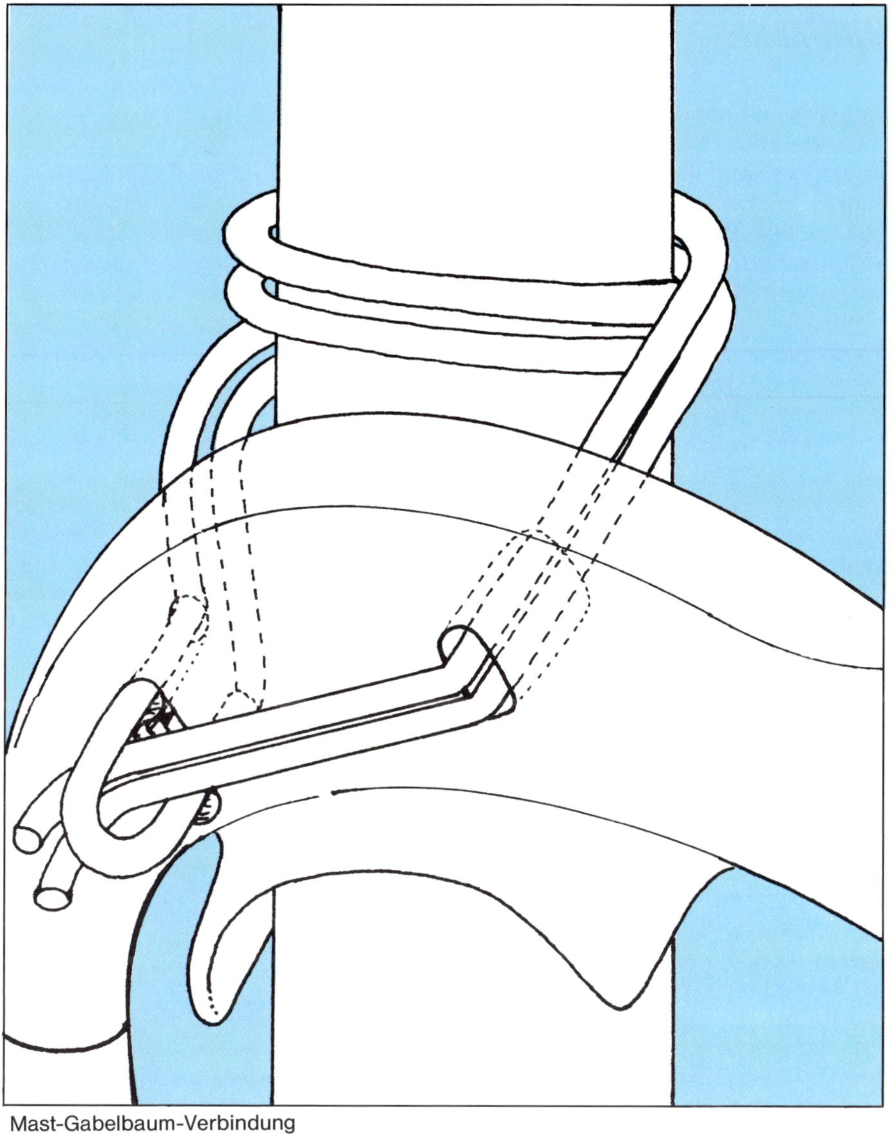

Mast-Gabelbaum-Verbindung
Je nach Gestaltung des Gabelbaumkopfes wird sich die Leinenführung leicht verändern. Durch Hochklappen des Gabelbaums werden die beiden Leinenenden fest in die Schlinge eingeklemmt.

Surftheorie

Warum kann ein Surfbrett auch zu einem Ziel in Luv fahren?
Wie und warum funktioniert die Steuerung des Brettes durch Verschieben des Riggs in der Segelebene und durch unterschiedliche Kantenbelastung?
Warum fährt ein Brett nach vorne, wenn doch der Wind von der Seite kommt?
Solche und ähnliche Fragen beantworten zu können, gehört zu den Grundkenntnissen des Surfers. Sie ermöglichen es ihm, eigenständig sein Fahrkönnen zu verbessern und ungewollte Brett- und Riggreaktionen zu verstehen und zu verhindern.
Während der Surfausbildung wird der Einsteiger daher in die Theorie von Brett und Segel und ihr Zusammenspiel mit Wind und Wasser eingeführt.

Warum funktioniert ein Segel?

Ähnlich wie bei einem Flugzeugflügel wird der Wind durch das Segel abgelenkt und streicht bei richtiger Segelstellung unverwirbelt am Segel vorbei (laminare Strömung). Durch das Segelprofil entstehen dabei an den beiden Seiten des Segels unterschiedliche Windgeschwindigkeiten und damit Druckverhältnisse. An der Leeseite entsteht ein Unter-, an der Luvseite ein Überdruck. Dadurch wird das Segel praktisch permanent senkrecht zur Segelebene (nicht in Windrichtung!) »gezogen und geschoben«.

Diese Kraft läßt sich auf einen Punkt konzentriert vorstellen, dem Segeldruckpunkt (SDP). Er liegt etwa im Flächenschwerpunkt des Segels, in seiner tiefsten Wölbung.
Sobald die Segelkraft – übertragen über den Surfer und den Mastfuß – auf das Brett wirkt, entsteht hier durch den Wasserwiderstand eine Gegenkraft, die sogenannte Lateralkraft. Auch sie läßt sich vereinigt in einem Punkt vorstellen, dem Lateraldruckpunkt. Er ist gleichzeitig der Drehpunkt des Brettes.
Wirken Segelkraft und Lateralkraft auf einer Linie, die durch den Lateraldruckpunkt führt, so fährt das Brett geradeaus.
Wird die Segelkraft durch Verschieben des Riggs in der Segelebene vor diesen Punkt verlagert, so zieht sie den Bug nach Lee, das Brett fällt ab.
Wirkt die Segelkraft hinter dem Lateraldruckpunkt, so wird das Heck nach Lee gezogen, das Brett luvt an.

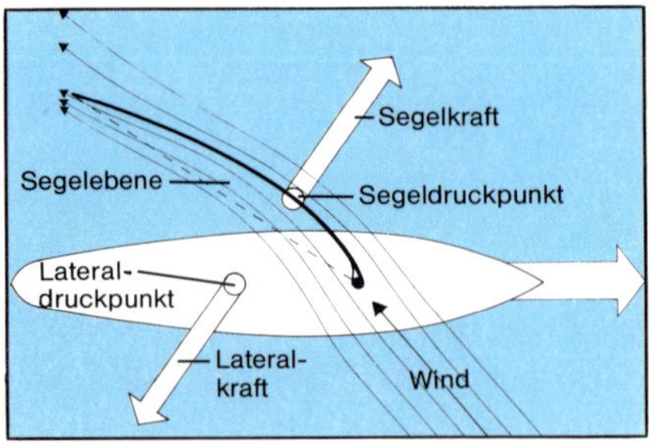

So fährt das Brett geradeaus

Der Wind, mit dem ich surfe

»Woher kommt der Wind?«
»Von Luv!«
Diese Antwort ist immer richtig, für den Surfer aber zu ungenau, denn er ist auf den Wind als Antriebsmittel angewiesen. Für ihn ist schon die Frage nicht richtig gestellt, denn es gibt drei Winde. Sie heißen:

- atmosphärischer Wind,
- Fahrtwind,
- relativer oder scheinbarer Wind.

Der atmosphärische Wind (W^A) entsteht durch den Druckausgleich zwischen Hoch- und Tiefdruckgebieten oder durch Temperaturunterschiede in der Atmosphäre. Er ist der »richtige Wind«, der die Blätter an den Bäumen bewegt, der aber auch das Meer über die Deiche treiben kann.

Ein Radfahrer zum Beispiel, der bei Windstille immer schneller in die Pedale tritt, wird aber trotzdem das Gefühl haben, gegen einen immer stärkeren Wind zu fahren. Er spürt den Fahrtwind (W^F).

Wenn beide Winde zusammenwirken – dies ist beim Surfen immer der Fall –, entsteht der relative Wind (W^R), dessen Richtung zwischen der des atmosphärischen und des Fahrtwindes liegt. Das heißt:

je schneller ein Surfer fährt, um so mehr wird für ihn der Wind von vorne kommen, und er wird die Segelstellung korrigieren müssen.

Aber nicht nur die Richtung, sondern auch die Stärke des relativen Windes ist veränderlich. Wenn der atmosphärische Wind von hinten kommt, das heißt, das Brett fährt auf Vorwindkurs, ist die Stärke des scheinbaren Windes gering, da W^F gegen W^A wirkt. Je mehr der Surfer aber über

- die Raumwindkurse (W^A von schräg hinten),
- den Halbwindkurs (W^A von der Seite),
- zu den Am-Wind-Kursen (W^A schräg von vorne)

anluvt, um so stärker wird bei gleichbleibendem W^A der relative Wind, da W^A und W^F immer mehr in die gleiche Richtung wirken.

Sie sehen, Kräfte am Segel und am Brett, Richtungen und Stärken der verschiedenen Winde und die gefahrenen Kurse haben einen direkten Einfluß auf das Verhalten von Surfer und Surfbrett. Dieser Ausflug in die surfspezifische Theorie kann aber nur einen Einblick geben. Eine genauere und tiefere Auseinandersetzung mit dem, was ein guter Surfer wissen muß und was er in einer guten Ausbildung lernt, kann hier nicht geleistet werden. Vieles von dem, was hier kurz beschrieben ist, wird mit wachsender Surfpraxis im wahrsten Sinne des Wortes »erfahren« und mehr und mehr das Verständnis für ungewohnte Brett- und Riggreaktionen fördern, denn:

Wer weiß, wie und wann Fehler entstehen, der kann sie vermeiden.

Wie kann ich die Grundelemente anwenden und trainieren?

Beherrscht der Einsteiger die Grundelemente, so vollzieht sich unbewußt und ohne erkennbare Einschnitte der Wandel vom Einsteiger zum Fortgeschrittenen. Die Ausflüge im Surfrevier werden länger, anfängliche Unsicherheiten sind überwunden, und es entsteht so der Wunsch, mehr als nur geradeaus und einfache Kurven fahren zu können.
Auch wenn bei anderen das Brett auf dem Dach bleibt, weil der Windmesser »nur« 3 Windstärken anzeigt, gibt es zahlreiche Möglichkeiten, die erworbenen Kenntnisse und Fähigkeiten zu verbessern.
Wir möchten Sie daher mit vielen Beispielen dazu animieren, zum einen vielleicht aufkommender Langeweile entgegenzuwirken, zum anderen das bisher Erlernte spielerisch anzuwenden und zu verfeinern. Ob allein oder in der Gruppe, es gibt auch bei Leichtwind an Ihrem Revier Surfaktivitäten, die viel Spaß machen!

Individuelle Surfübungen

Zahlreiche Spiel-, Übungs- und Trainingsformen verbessern die Surftechnik und tragen zur sicheren Brett- und Riggbeherrschung bei. Besonders durch Wahrnehmungsaufgaben können Sie sich zusätzlich sensibilisieren. Sie fühlen oder ertasten plötzlich die Druck- und Kraftverhältnisse am Segel, spüren Winddrehungen und reagieren mit der optimalen Korrektur der Segelstellung. Kraftsparendes und ökonomisches Surfen stellen sich ein.
Desweiteren werden die Grundlagen für die Beherrschung von Starkwindbedingungen und -techniken gelegt, da viele Übungselemente später wieder auftauchen. Es werden Ihnen reichhaltige Bewegungsmuster vermittelt, auf die Sie dann zurückgreifen können.
Sich gezielt einzufahren und surfend aufzuwärmen, ist ein zusätzliches Argument. Die dargestellten Beispiele erfüllen oft mehrere Funktionen, das heißt, sie eignen sich hervorragend als Einfahrübungen und gleichzeitig zur Verbesserung und Vorbereitung bestimmter Techniken.
Das Reservoir an Übungen ist damit noch längst nicht ausgeschöpft. Der Kreativität sind keine Grenzen gesetzt. Fordern Sie sich heraus und werden Sie aktiv!

Einarmig in der Hocke fahren

Körperschwerpunkt nach unten verlagern (Knieschub)

Training der Fahrstellung, Segelstellung und Brettbeherrschung

- während der Fahrt die Hände vom Gabelbaum nehmen und klatschen
- während der Fahrt die Augen schließen (freier Raum!)
- Notstop/Anfahren im Wechsel
- hinsetzen und wieder aufstehen
- Gesäß in das Wasser und wieder aufstehen
- während der Fahrt anfersen
- offene/enge Griffposition
- Fuß/Knie im Wasser nachschleifen
- Kopf im Nacken und nach hinten schauen
- Blick zum Segeltopp
- einarmig/einbeinig surfen
- Fuß im Gabelbaum
- Vorwindkurs fahren mit unterschiedlichen Standpositionen
- Manöver fahren mit zwischen den Beinen geklemmten Luftballon

Kopf im Wasser (Head-dip)

Breite oder enge Standposition

Hände und Füße überkreuzen

Rückwärtsstarten und -fahren (abgehockt)

Training des Steuerns

- durch eine Bojenkette fahren
- Schlangenlinien fahren (anluven/ abfallen) im Wechsel
- mit geschlossenen Augen steuern
- steuern nur durch Kantenbelastung des Brettes
- kompensatorisches Steuern (Rigg- und Brettsteuerung gegensätzlich)

Training der Wende und Halse

- Bojenumrunden (Manöverkreis)
- Achtfahren um 2 Wendemarken
- Wende/Halse mit geschlossenen Augen (freier Raum)
- Wende/Halse mit engen und weiten Radien
- möglichst viele Wenden/Halsen bis Zielpunkt in Luv/Lee
- anluven/abfallen mit Fußstellung weit hinten/vorne
- anluven bis in den Wind und wieder abfallen
- abfallen bis Vorwindkurs und wieder anluven
- auf Vorwindkurs Schlangenlinien durch unterschiedliche Kantenbelastung
- abfallen bis Schothorn-voraus und wieder auf alten Kurs zurück
- Schothorn-voraus fahren und Kursänderungen
- Vorwindkurs: feste Standposition auf dem Heck, abwechselnd das Heck belasten und an den Gabelbaum hängen

Steuern mit Griff am Unterliek/Mast

Steuern im Gabelbaum fahrend und auffieren/dichtholen

Surfübungen und -spiele zu zweit und in der Gruppe

Fast alle bisher erwähnten Spiel- und Übungsformen lassen sich auch zu zweit oder in der Gruppe durchführen, zum Beispiel durch synchrone Ausführungen. Sie werden deshalb hier nicht wiederholt.

Training der Fahrstellung, Segelstellung und Brettbeherrschung

- Surfen in der Gruppe auf engstem Raum
- Schmetterling (2 surfen nebeneinander auf Vorwindkurs mit einem Bein auf dem Nachbarbrett)
- Beschleunigung – wer ist erster? (Speedfahren)
- Schattenfahren – den Schatten des Partners berühren
- Ballonspiel – am Heck einen Luftballon mit 4 m langer Schnur anbringen. Die Gegenspieler versuchen, ihn zum Platzen zu bringen
- Blinde Kuh – Partner lotst den mit geschlossenen Augen fahrenden Vordermann

»He, drück nicht so...

...sonst laß ich los!«

»Laß mir auch Platz . . .

. . . sonst geh' ich nach vorne!«

»Komm schon rauf!«

Training des Steuerns

- Verkehrsampelspiel
  (kurz vor dem Zusammenstoß wird die neue Fahrtrichtung angezeigt)
- in Kiellinie fahren
  (Hintermann imitiert die Steuerbewegungen des Vordermanns)
- paarweise nebeneinanderfahren

Training der Wende/Halse

- Wende/Halse im Kielwasser des Vordermanns
- wer schafft die meisten Wenden/Halsen bis zum Zielpunkt in Luv/Lee
- wer schafft die meisten Wenden/Halsen in einem vorgegebenen Zeitraum (ca. 2–3 Min.)

Slalom durch die Surferreihe

Verkehrsampel: Anluven und in Luv vorbei

Surfübungen und -spiele in der Mannschaft

Jetzt ist Teamgeist gefragt!
Neben den bereits bekannten Anforderungen, wie zum Beispiel Brettbeherrschung, kommen nun soziale Komponenten hinzu.
Einige dieser Spiele lassen sich im Sinne der New-Games-Bewegung durchführen, andere werden Team gegen Team oder als Staffelwettbewerb ausgetragen.

Surf-Scrabble:
2 gleich große Mannschaften suchen sich einen Namen aus, der so viele Buchstaben enthält wie Gruppenmitglieder. Jeder klebt sich einen Buchstaben auf den Rücken.
Innerhalb eines vorher festgelegten Spielfeldes gilt es nun, den gegnerischen Namen zu finden (Ausweichregeln beachten)

Fuchsjagd: Der Fuchs erhält 50 m Vorsprung. Sein Bau liegt in Luv. Er kann seine Beute nur durch Kreuzen in Sicherheit bringen

Surf-Polo:
2 farblich gekennzeichnete Mannschaften à 4 Spieler, durch Bojen eingegrenztes Spielfeld – 90° zum Wind ausgelegt – mit 2 Wasserballtoren (oder Tore durch Surfmasten), Gummiball mit 2 Griffleisten (aus Apfelsinennetzen möglich). Innerhalb von 5 Sek. nach der Ballannahme muß der Ball weitergegeben werden. Über Aus-Ball, Ecke, Freiwurf, Siebenmeter entscheidet der Schiedsrichter.
Spielzeit: 2 × 5–10 Min.
(als Turnier möglich)

Surf-Basketball:
Ähnlich wie Surf-Polo durchführbar, Tore sind 2 fest verankerte, ungefähr zwei Meter hohe Stangen, an deren Ende ein Korb mit einem Netz angebracht ist.
Spielzeit: 2 × 5–10 Min.

Wer hat Angst vorm Schwarzen Mann:
Die Spielidee ist genau entgegengesetzt der der »Fuchsjagd«. Der »Schwarze Mann« versucht seine Opfer vor einer genau festgelegten Ziellinie durch Werfen eines Balles abzufangen.

Formationssurfen – die Surfkarawane …

Surfen für jedermann

Seit 1987 bietet der DSB gemeinsam mit dem DSV und seinen Mitgliedsvereinen Aktionen an, die Coubertains olympische Idee »Dabeisein ist alles« voll zur Geltung bringen:
»Trimmspiele für Surfer« und »gemeinsam aktiv / im Verein ist Sport am schönsten«.
Diese Aktionen sind in die bestehenden Vereinsangebote integriert, zum Beispiel im Rahmen von Vereinsfesten oder Surffestivals. Neben den DSV-Vereinen können auch allgemein- und berufsbildende Schulen und Universitäten diese Aktionen durchführen.

Trimmspiele für Surfer

Die Teilnehmer bewältigen einen einfachen Fitneßtest (ohne Sieger und Verlierer) und erwerben eine attraktive Trimm-Medaille. Die Testaufgaben unterscheiden zwischen Einsteigern und Fortgeschrittenen (siehe Anhang).

Gemeinsam aktiv

Vereinsmitglieder oder der Veranstalter direkt verteilen Gutscheine (Kennenlernkarten) an Bekannte, Freunde, Arbeitskollegen ... für kostenlose Probestunden. Sie übernehmen die »Patenschaft« für den Surfeinsteiger. Eine gründliche Ausbildung – vielleicht bietet der Veranstalter sogar selbst Surfschulungen an – ersetzen diese Schnupperstunden jedoch nicht!
Aber auch als Fortgeschrittener können Sie die vielseitigen Angebote solcher Treffen nutzen, sei es bei den bereits erwähnten Mannschaftsspielen, Juxwettbewerben oder Jedermannregatten. Sie vertiefen die bereits erworbenen Kenntnisse.
Viele Aktionen benötigen keine Vorerfahrungen und ermöglichen jedem, ob jung oder alt, die Teilnahme – und sei es nur als Zuschauer. Machen Sie mit, wir haben für Sie im folgenden einige Beispiele aufgeführt.

- Knotenwettbewerbe und Materialtests
- Surfbrettweitschieben (vom Ufer aus)
- Sinkertest – welche Gruppe bekommt die meisten Teilnehmer auf das Brett
- Wahl des Surftarzans – ein pfropfenloser Mast dient als Surfhorn, durch das gepustet wird. Der lauteste Ton (Schrei) gewinnt
- Verkleidungswettbewerb – innerhalb kürzester Zeit soll ein bestimmtes Motiv umgesetzt werden. Das beste Kostüm wird prämiert. Anschließend erfolgen (im Kostüm) surfspezifische Aufgaben.
- Veteranenrennen – Kriterien: Altersbegrenzung für Surfer oder Surfboards, auch als Juxwettbewerb (zum Beispiel in Sonntagskleidung) möglich
- Jedermann – und Juxregatten (näheres in Stufe 7).

Diese Aktionen bieten auch dem Nachwuchs Spielmöglichkeiten, zum Beispiel:

- Brett- und Riggspiele
- Mal- und Bastelwettbewerbe (künstlerisches Gestalten von Surfmotiven).

Verkleidungswettbewerb

Veteranenrennen

Wikingerstechen – wer den akrobatischsten Abgang zeigt, wird zur SAU erklärt (Sieger auf Umweg)

Auszug aus einem Surffestival ...

Wie kann ich mein Können messen?

Surfen kann ein Wettkampfsport sein. Sei es, um festzustellen, wer trickreicher ist, wer schneller die Wende oder Halse fährt, wer länger oben bleibt. Oder auf der Regattabahn, wo neben den konditionellen und koordinativen Fähigkeiten taktisches Geschick und die Portion Glück über Sieg oder Niederlage entscheiden.

Surfen auf Breitensportebene

Sieg oder Niederlage sollte bei den Jedermannregatten sekundär sein. Mitmachen heißt der Slogan! Jeder kann unabhängig vom Fahrkönnen, Brettmaterial, einer Mitgliedschaft in einem Verein oder einer Klassenvereinigung teilnehmen. Dementsprechend gibt es hierbei auch keine Ranglistenpunkte zu gewinnen.
Veranstalter sind in der Regel Surfclubs, die je nach Angebotsform ein Startgeld erheben können.

Juxregatten
Ihre Gestaltung ist variationsreich und daher in den Anforderungen an den Surfer breit streubar, zum Beispiel:
- Verkleidung der Teilnehmer wird vorgeschrieben
- Zwischenstationen (auch an Land) mit unterschiedlichen Bedingungen (Beispiel: kürzere Paddelstrecke) müssen durchlaufen werden,
- Mitnahme eines Gegenstandes oder einer Person auf dem Brett

Teamregatten
Diese Wettkämpfe erfolgen im Team und können bestimmte Aufgabenstel-

Kinderregatta

lungen haben, zum Beispiel wird nur der gemeinsame Zieldurchlauf gezählt. Denkbar sind sie auch in Staffelform mit einem Wechsel an Land.

Veteranenrennen

Diese Oldieregatten wurden bereits in der vorherigen Stufe erwähnt. Sie müssen allerdings nicht nur anläßlich von Jedermanntreffs ausgeschrieben sein.

Surftriathlon

Sind Sie ein »Allrounder«? Dann käme diese Sonderform des Leistungsvergleichs sicherlich für Sie in Frage. Drei Surfdisziplinen oder drei Sportarten, wovon eine das Surfen ist, müssen bewältigt werden.

Surfmarathon

Vom Marathon nach Athen beziehungsweise 42,2 km müssen Sie nicht unbedingt surfen, um einen Marathon zurückzulegen.
Genügend Kondition ist jedoch erforderlich, um die längeren Strecken durchzustehen. Zur Zeit sind diese Langschläge »in«. Am bekanntesten ist sicherlich der traditionelle Engadiner Surfmarathon (Schweiz) mit einem Startfeld von 500 Surfern.

Speedwettbewerbe

Wer ist der Schnellste auf der vorgegebenen Speedstrecke? Die mittels Lichtschranken ermittelten Zeiten geben Aufschluß! Da es hier bereits hohe Preisgelder gibt, sind neben den Amateuren auch Profis mit von der Partie. Für sie gibt es jedoch häufig separate Wertungen. Geschwindigkeiten um 70 km/h sind keine Seltenheit mehr, und der Geschwindigkeitsweltrekord für Segelfahrzeuge allgemein wird von den Surfern gehalten.

Ende 1988 durchbrach ein Surfer erstmals mit 40,33 Knoten (74,69 km/h) die 40-Knoten-Schallmauer.

Marathons dauern schon mal etwas länger ...

Offene Klasse 7,5

Diese Regattareihe wurde 1988 vom DSV »ins Leben gerufen« und wird von seinen Vereinen angeboten – häufig in Kombination mit dem Fitneßtest für die Trimmspiele. Einsteiger und Freizeitsurfer erhalten die Möglichkeit, nach einfachsten Regeln ihre Leistung mit anderen zu messen, um so Regattaluft zu schnuppern. Das Material dieser Klasse ist offen, lediglich die Segelgröße ist auf 7,5 m^2 begrenzt (daher die Bezeichnung OK 7,5). Kurs- und Wettbewerbsform ist den Veranstaltern freigestellt.

Surfen als Wettkampfsport

Der beste Einstieg ins aktive Regattageschehen erfolgt durch die Teilnahme an internen Vereinsregatten. Eine Mitgliedschaft ist ratsam, da Clubmeisterschaften oft den Mitgliedern vorbehalten sind und weitergehende, anspruchsvolle Regattaformen eine DSV-Vereinszugehörigkeit voraussetzen. Jetzt gilt es Punkte zu gewinnen und zu sammeln – die Ranglistenregatten.

OK 7,5 – Regatten finden bei jedem Wetter statt...

»Dabeisein ist alles« gilt für diese Wettkämpfe schon längst nicht mehr! Sie haben ein festes Reglement und klar definierte Teilnahme- und Materialbedingungen. Dies soll kurz am Beispiel der Funboard-A-Cup-Regatta (früher Euro-Funboard-Cup) dargestellt werden. Diese Serie ist die attraktivste im Amateursport, da sie als Sprungbrett für die Teilnahme am World-Cup der Profisurfer gilt:

Regeln:
Es gelten zur Zeit der Drucklegung dieses Buches die Internationalen Wettsegelbestimmungen (IWB) der International Yacht Racing Union (IYRU), die Zusatzbestimmungen des DSV, die International Funboard Racing Rules 88, deren Änderungen und Ergänzungen, und die Anweisung der Veranstalter.

Teilnahme- und Materialbedingungen:
Mitgliedschaft in der Vereinigung Deutscher Regattasurfer (VDR) und in einem DSV-Verein, zugewiesene Segelnummer, maximal je 1 Race- und Slalomboard, Anzahl der Segel ist nicht begrenzt.
Wie Sie anhand dieser kurzen Aufstellung sehen können, sind die Regeln dieser Leistungsebene fest umrissen. Nur so können Regelverstöße geahndet und ein regulärer Regattaablauf gewährleistet werden.
Stellen Sie sich einmal vor, beim Start zu einer Wettfahrt – mehrere Wettfahrten ergeben eine Regatta – hätte jeder Teilnehmer seine eigenen Regeln! Aufgrund der Größe des Startfeldes, beim Funboard-A-Cup häufig über 100 Surfer, würde an der Startlinie das Chaos ausbrechen.

Beim Start herrscht immer Gedränge

Jede Regattaart wird von einer anerkannten Klassenvereinigung betreut (siehe Anhang) und hat vorgeschriebene Kurse, die jeweils umsurft werden müssen.
Traditionell ist der olympische Dreieckskurs oder in leichter Abwandlung hierzu, der Kieler-Woche-Kurs. Diese von den Seglern übernommenen Dreieckskurse werden heute nur noch gelegentlich in der Division II (Verdrängerklasse), Division III (Tandems) und in der Mistral Eintypklasse ausgelegt.
In den Funboardklassen, aber auch in den anderen Klassen, fährt man Slalom- und M-Kurse (Kursrennen), da sie den spezifischen Anforderungen der Funboards gerechter werden. Sie sind für Zuschauer sowie die Medien attraktiver. Funboard-A- und B-Cup-Regatten benötigen eine Mindestwindstärke (11 Knoten = cirka 4 Beaufort). Funboard-C-Cup-Regatten werden bereits ab 6 Knoten gestartet. Sie sollten als Einstieg in den Funboardregattabereich gewählt werden.

Die Bewertung dieser Leistungsveranstaltungen erfolgt meistens nach dem DSV-Punktesystem: Der Sieger erhält 0 Punkte, der zweite 1,6, der dritte 2,9, der vierte und die weiteren Plazierten werden entsprechend ihrer Platzzahl bewertet.

Die Summe aller Wettfahrten, wobei abhängig von der Anzahl das schlechteste Ergebnis gestrichen wird, bestimmt das Regattaergebnis des Teilnehmers. Die 11 besten Wettfahrten gehen in die Jahresrangliste ein. Die Jahresbesten qualifizieren sich für internationale Aufgaben (Europa- oder Weltmeisterschaften).

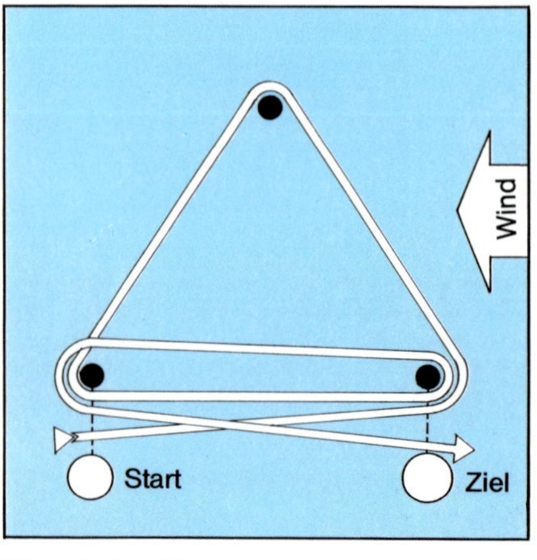

Olympischer Kurs

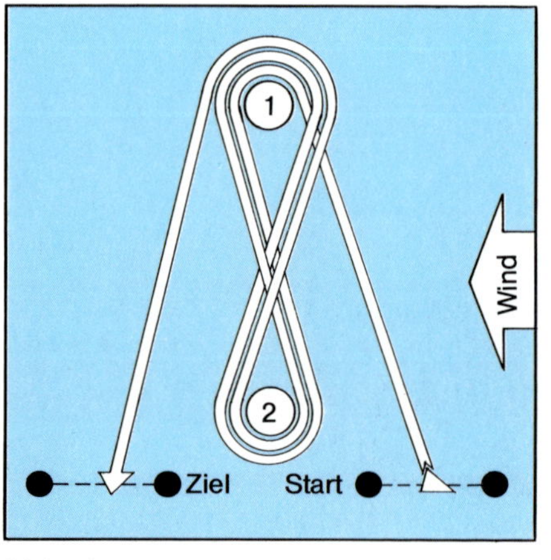

Slalomkurs

Der Regatta-Wegweiser faßt tabellarisch zusammen

Name	Brett	Kurs	Besonderes
Funboard-A und B-Cup	Offene Klasse-Serienmaterial	M-Kurs (Kursrennen) Slalom	Mitglied im DSV-Verein maximal je 1 Race- und Slalombrett, Windlimit
Funboard-C-Cup (früher Offene Flachbrettklasse – OFK)	Offene Klasse (keine Verdränger zugelassen)	M-Kurs Slalom Dreieck Marathon Sonstige	Mitglied im DSV-Verein, maximal 7,5 m², je 2 Bretter und Segel
Division II	Verdränger	Dreieck M-Kurs	Mitglied im DSV-Verein, DSV-Surfschein
Division III	Tandem	Dreieck	wie Division II
Mistral-Eintypklasse	Mistral	Dreieck M-Kurs	wie Division II
Marathontrophy	Offene Klasse	Marathonkurs	

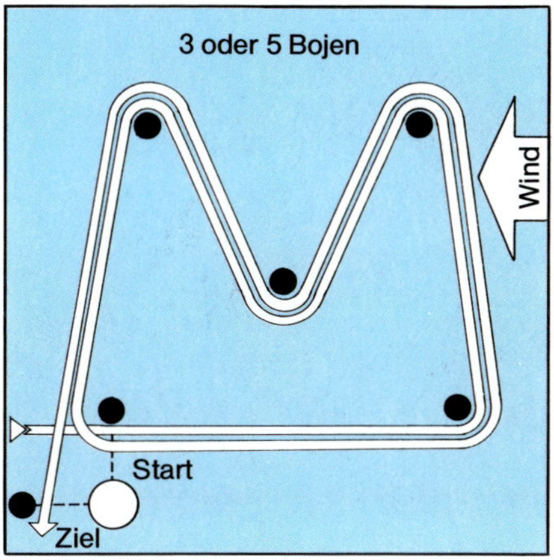

M-Kurs (Kursrennen)

Wie geht's weiter?

Strandstart

Der Strandstart kann schon während eines 14–18stündigen Einsteigerkurses eingeführt werden, gute Lernfortschritte und ein geeignetes Revier mit einer knietiefen Zone vorausgesetzt. Der Einsteiger kann dann auch bei stärkerem Wind und zunehmender Welle kraftsparend bis in die Fahrstellung kommen.
Bei einem methodisch durchdachten und entsprechend strukturierten Unterricht kann der Schüler beim Strandstart auf bereits Bekanntes zurückgreifen, da sich zum Beispiel das Ausrichten des Brettes mit dem Rigg vom Steuern ableitet. Vorübungen an Land für das Aufnehmen des Riggs verhindern zeit- und kräfteraubende Wasserarbeit.
Beim Aufsteigen sollten nach dem Aufsetzen des hinteren Fußes alle Bewegungen bis in die Fahrstellung zügig erfolgen. Eine tiefere Position des Gabelbaums erleichtert dabei das Aufsteigen (Schulterhöhe).

Brett auf Halbwind- bis Raumwindkurs, Standposition in Luv vom Heck, hinteren Fuß möglichst gestreckt aufsetzen. Brett unter den Körper ziehen und gleichzeitig vorderen Arm strecken, mit Oberkörpervorlage aufsteigen

Trapezsurfen

Das Trapez ist der »dritte Arm« des Surfers. Es kann das Surfen ungemein erleichtern und verhindert, daß einem gerade dann die Arme schlapp werden, wenn der Spaß am größten ist.
Bei allen Manövern mit Segelseitenwechsel ist das Aushängen aus dem Trapeztampen unumgänglich. So ist es einleuchtend, daß Trapezsurfen nur bei Windstärken erfolgen sollte, die auch ohne Trapez beherrscht werden.
Von den verschiedenen Trapezarten hat sich das Sitztrapez durchgesetzt, weil es die Wirbelsäule optimal entlastet. Auch der Einsteiger kann mit einem solchen Trapez lernen. Ein tiefer montierter Gabelbaum und dickere Trapeztampen sind hilfreich.

Freihändiges Trapezsurfen

Kennenlernen des Trapez

Tricksurfen

Ein häufiges Bild:
Bei 2–3 Windstärken sitzen die Sinkerpiloten gelangweilt am Strand, und genauso wie die hoffnungweckenden Böen verlieren auch die Anekdoten von besseren Surftagen schnell ihren aufwühlenden Reiz.
Dagegen ist Tricksurfen angesagt: nicht nur ein Zeitvertreib für windarme Tage, sondern eine interessante und unterhaltsame Art, sein Surfbrett kennenzulernen. Der Vielfalt an Trickfiguren sind keine Grenzen gesetzt.

Gleichgewichtsgefühl, Akrobatik, Kreativität und Choreographie sind nur einige Schlagworte, die das Tricksurfen charakterisieren.
Aber zurück zum Sinkerpiloten. Welche einfache und effektive Chance eröffnet sich ihm, alle seine Wunschmanöver zu erlernen und zu automatisieren, da die Bewegungsabläufe sehr wohl vom großen auf das kleine Brett übertragen werden können.
Und wer glaubt, daß ein »Elbkahn« nicht zum Sinker werden kann, wird sich eines besseren belehren lassen müssen, denn Partnertricksurfen macht vieles möglich.

»Was willst Du denn da vorne?«

»Gleich kippen wir um!«

»Halt' mich fest!«

»Ich seh' nur noch Wasser!«

Kante vorwärts (gehockt)

Pirouettenwende

Tauchwende

Kante vorwärts – in Lee (stehend)

In Lee – Rücken zum Segel (freihändig)

Tourensurfen

Wer neue Reviere kennenlernen und längere Schläge surfen möchte, für den wird das Tourensurfen interessant. Die hohe Mobilität, die der Surfsport mit sich bringt, ermöglicht es.

Langschläge erfordern vom Surfer eine gute physische und je nach Art der Tour auch psychische Verfassung. Die folgende Checkliste soll den Einstieg ins Tourensurfen erleichtern und verhindern, daß hieraus eine »Never-Come-Back-Tour« wird. Sie muß je nach Revier, Dauer, Fahrkönnen und Gruppengröße näher spezifiziert werden. Eine gründliche Vorbereitung beugt Sicherheitsrisiken vor und trägt mit zum positiven Erlebnis bei. Grundsätzlich sollte der Ausflug nie allein durchgeführt werden. Die vier »Langschlag-W« sind zu beachten, das heißt, es muß zu Beginn des Törns (zum Beispiel bei einer Surfschule) hinterlassen werden:

- wie viele Personen
- wohin
- wann Abfahrt und voraussichtliche Rückkehr
- wie im Notfall erkennbar (Segelfarbe und -nummer).

Die nachfolgenden Punkte sind auf jeden Fall zu beachten:

<u>Ausrüstung</u>
Angemessene Kälteschutzkleidung, ähnliches Brett- und Riggmaterial der Teilnehmer (möglichst mit Schwert), Brett-Riggsicherung, Abschleppleine, Signalfarben, Trapez, Ersatzmaterial.

<u>Sicherheitsvorkehrungen</u>
Signalmittel, motorisiertes Begleitboot (mit Erste-Hilfe-Einrichtung), Funk- und Navigationsausrüstung, vereinbarte Zeichen, Auftriebshilfen.

<u>Revierkenntnis</u>
Stabile Wind- und Wetterverhältnisse, freier Zugang zum Ufer, Sichtung und Törnbesprechung, geltende Rechtsverordnungen.

<u>Gruppe</u>
Homogenes Fahrkönnen, Gruppe muß zusammenbleiben, Tourerfahrener in der Gruppe, guter Trainingszustand, Vertrauen untereinander, ausreichende Wetterkenntnis.

<u>Ablauf</u>
Zwischenstops einplanen, Landbegleitung sicherstellen.

Vereine bieten in jüngster Zeit vermehrt Langschläge als Tagestouren an. Sie finden nicht unter Wettkampfbedingungen statt und sind daher für Einsteiger besonders geeignet. Unter dem Namen »DSV-Surftour 1988« organisierte auch der DSV erstmalig Touren für jedermann.

Wer jedoch seine Leistung auf diesem Sektor mit anderen messen möchte, dem seien die zahlreichen Surfmarathons und die Langschlagserie »Marathontrophy« empfohlen. Sie wurden bereits in der 7. Stufe erwähnt.

Tandemsurfen

Surfen läßt sich nicht nur zu zweit mit einem Rigg, leichter und vor allem kippstabiler ist es mit zwei Segeln auf einem Tandem.

Bereits 1974 baute die Firma Ostermann das erste Tandem. Es war 6,75 m lang, wog 53–56 kg und ist von der Abmessung und vom Gewicht her durchaus noch aktuell.

Ein Grund seiner geringen Verbreitung ist das hohe Gewicht beziehungsweise das damit verbundene Transportproblem. Ein Tandem läßt sich nun einmal nicht so einfach so unter den Arm klemmen. Die Firma Shark versuchte deshalb das Problem durch eine Dreiteilung des Boards zu lösen.

Trotz dieser Abstriche gibt es auch Pluspunkte zu verzeichnen. Das Tandem ist ein kommunikatives Transportmittel, da sich der Partner in unmittelbarer Nähe befindet. Wie beim –»Zweier ohne Steuermann« müssen beide Piloten miteinander harmonieren, um nicht gegeneinander zu arbeiten, wie es anfangs zu beobachten war. Mittlerweile haben sich die Bewegungsabläufe und -erkenntnisse soweit verfeinert, daß auch für den Zuschauer die Faszination erkennbar wird. Als anerkannte Klasse (Division III) werden reizvolle Wettkämpfe bis hin zu Weltmeisterschaften ausgetragen.

Da im Vergleich zum normalen Brett die Balanceprobleme deutlich geringer sind, wird das Tandem auch vereinzelt zu Schulungszwecken eingesetzt. Es verzeiht durch seine trägen Reaktionen Fahrfehler, der Lehrer kann durch seine unmittelbare Nähe besser korrigieren. Dennoch ist diese Methode nicht unumstritten, zum Beispiel wegen der Vermittlung einer trügerischen Brettsicherheit.

Relativ neu auf dem Markt sind die Funboard-Tandems – die Fundems. Nur noch cirka 4,70 m lang und 24 kg schwer sollen sie die Faszination des Funboardsurfens vermitteln. Im Vergleich zum Tandem sind sie als radikal einzustufen, da sie hohe Geschwindigkeiten erreichen und auch die Ausführung von Sprüngen zulassen.

Surfen zu zweit . . .

Funboardsurfen

Speedfahren, radikale Manöver, Wellenabreiten und Sprünge, das ist die Welt des Funboardsurfers.

Der Begriff »Funboardsurfen« wird zwar meistens auf kürzere Bretter bezogen, viele der Funboardmanöver sind aber auch auf größeren Brettern zu fahren.

Funboardsurfen lebt von der Geschwindigkeit. Sie kann zum Rausch werden, ist aber auch die notwendige Grundlage vieler Manöver. Zusätzliche Geschwindigkeitssteigerungen werden dabei durch das Abreiten einer Welle erreicht. Was im Grundprogramm für das Vermeiden der instabilen und drucklosen Phase gilt, gilt um so mehr, je kürzer die Bretter werden.

Vergessen Sie die Gefahren des Speeds nicht: kürzere Reaktionszeiten machen eine perfekte Rigg- und Brettbeherrschung notwendig. Auf Funboards ist das Segelaufholen – erst recht bei stärkerem Wind und höherer Welle – schwer möglich. Daher gehört der Wasserstart zum sicheren Funboardsurfen. Ihre ersten Funboarderfahrungen sollten Sie nicht auf dem offenen Meer sammeln, schon gar nicht mit einem ungewohnten Brett.

Im folgenden erhalten Sie einen kleinen Vorgeschmack auf die unerschöpfliche Vielfalt an Funboardtechniken und -manöver.

»Sprung« mit einem Raceboard

Speedhaltung auf Raceboards

Halse mit »Händewaschen« auf einem Sinker

Flachwasser-Sprung

Sinkerwende

Duck-Jibe

Body-drag

Radikale Duck-Jibe

Sprung in der Brandung

Nose-Tack-Wende

Auch das gehört zum Funboardsurfen ...

Freizeit- und Breitensport im DSV

Als der Deutsche Segler-Verband am 4. März 1888 gegründet wurde, ging es in erster Linie um einheitliche Regatta- und Vermessungsregeln, um so die Voraussetzungen für einen fairen Wettkampf zu schaffen.
Seitdem ist der Wettkampfsport eine traditionelle Domäne des DSV, die er als Bundesfachverband für das Surfen und Segeln auch gegenüber dem Nationalen Olympischen Komitee (NOK) und internationalen Gremien vertritt.
Seine Aufgaben beschränken sich nicht nur wie zu Gründungszeiten auf die Erstellung und Ergänzung der Regattaregeln, sondern sie gehen von Betreuung und Unterstützung der olympischen Klassen bis hin zur Talentförderung über die Landeskader.
Neben dem Leistungssport hat sich jedoch auch der Freizeit- und Breitensport im DSV fest etabliert und ist heute ein wichtiges und zentrales Aufgabengebiet. In dieser 9. Stufe sollen nur die surfspezifischen Schwerpunkte Berücksichtigung finden, denn auch im Segeln gibt es vielfältige breitensportliche Aktivitäten.
Breitensportförderung findet auf verschiedenen Ebenen statt. In den vorhergehenden Stufen wurden bereits viele Beispiele hierfür genannt.

Vereine

Surffestival
Durch ein bundesweites Aktionswochenende soll auf das Breitensportangebot der Surfclubs und -abteilungen hingewiesen werden.
Die Clubtüren öffnen sich. Programmpunkte sind Jedermannsurfen und -regatten, Spielfeste, Materialtests und vieles mehr.

Trimmspiele
Für das erfolgreiche Absolvieren eines Fitneßtests gibt es für Surfeinsteiger und Fortgeschrittene Trimmedaillen.

Gemeinsam aktiv
Der Einstieg ins Surfen kann durch »Schnupperstunden« gefunden werden. Ein Surfpate übernimmt die direkte Betreuung und lädt durch Kennenlernkarten ein.

Kombinationsveranstaltungen
Ski-Surfing, Surftriathlon und Surftrimmathlon sind Beispiele für sportübergreifende Angebote.

Tourensurfen
Der Surf-Ironman wird gesucht! Je nach zurückgelegter Strecke kann der Teilnehmer eines organisierten Langschlages unterschiedlich viele Punkte sammeln und sich diese bestätigen lassen.

Jedermannwettkämpfe
Juxregatten, Offene Klasse 7,5, Marathons und andere Formen der Leistungsmessung verlangen vom Teilnehmer kein besonderes Surfkönnen und -material.

Regattatraining
Besondere Trainingsseminare lassen den Regattaeinsteiger Wettkampfatmosphäre schnuppern und geben dem »alten Hasen« auch noch wertvolle Tips zur Optimierung seiner Regattafähigkeit.
Termine, Angebotsformen und Orte aller Aktivitäten auf Vereinsebene erscheinen jährlich in der Broschüre ‚DSV-Surf -Szene'. Mitgliedsclubs können für die Umsetzung ihrer Breitensportveranstaltungen ein umfassendes Serviceprogramm anfordern.
Abschließend sei erwähnt, daß die Unterstützung der Vereine in Rechts-, Revier- und Umweltfragen letztendlich auch dem Breitensport zugute kommt.

Ausbildung

Seminare
Fachkundig unterwiesene und qualifizierte Ausbilder gewährleisten ein hohes Unterrichtsniveau zugunsten der Schüler. Nur wer gut ausbildet, kann den Surfsport langfristig fördern. Um den Surfpädagogen derart zu qualifizieren, müssen die Aus- und Fortbildungsseminare in Struktur und Inhalt dementsprechend aufbereitet sein.
Eine umfassende theoretische sowie praxisorientierte Pädagogikausbildung, Handreichung für Planung, Durchführung und Reflexion von Surfunterricht, Verbesserung der eigenen Fahrfertigkeiten – dies sind neben anderen die Ziele der DSV-Ausbildungsseminare. Je nach Einsatz- und Betätigungsbereich der Ausbilder werden diese Seminare daher unterschiedlich organisiert und gestaltet:

- Die Fachübungsleiterlehrgänge bereiten den Fachübungsleiter gezielt auf die zukünftige Vereinsarbeit vor. Sie orientieren sich dabei zusätzlich an den DSB-Richtlinien.
- Die Schullehrerseminare berücksichtigen die schulsportlichen Belange.
- Die Surflehrerausbildung beinhaltet neben der Fachausbildung noch organisationstechnische oder auch surfschulalltägliche Gesichtspunkte.

Wenn die Aussage jenes Ausbilders: »Wenn ich sehe, daß der Schüler durch meine Ausbildung ständig wächst, dann habe ich eine hohe innerliche Befriedigung«, für jeden Teilnehmer dieser Lehrgänge Gültigkeit hat, dann gehört der Surfunterricht mit zu den schwierigsten aber auch schönsten pädagogischen Aufgaben.

Ausbildungsstätte

Eine besondere Bedeutung hat die Anerkennung und Betreuung von Surfschulen. Diesen Ausbildungsstätten kann das Prädikat »vom Deutschen Segler-Verband anerkannt« verliehen werden, sofern die personellen und materiellen Voraussetzungen gegeben sind.

Ihnen stehen speziell konzipierte Lehr- und Lernmaterialien zur Verfügung. Sie sollen ihnen das Unterrichten erleichtern und den Schüler mit modernen pädagogischen Mitteln beim Lernen unterstützen. Der prüfungsberechtigte Lehrer kann den Surfgrundschein erteilen.

Lehr- und Lernhilfen

Im Ausbildungsprozeß sind die unterrichtsbegleitenden Arbeitsbücher die wirkungsvollsten Hilfen für den Schüler. »Surfen für Jungen und Mädchen« als auch »Surfen für Einsteiger« berücksichtigen den zeitgemäßen pädagogischen Ansatz – das spielerische Erlernen steht im Vordergrund. Die Darstellung der Manöver erfolgt nach neuesten sportwissenschaftlichen Erkenntnissen. Stil und Aufmachung ermöglichen auch dem Schüler eine Unterrichtsvor- und -nachbereitung.
Diese Arbeitsbücher können sowohl von Surfschulen und Vereinen als auch von Hochschulen und allgemein- und berufsbildenden Schulen eingesetzt werden.

Schulsport

In den Schulen rückt der Freizeitsport immer mehr in den Vordergrund. Nicht nur die traditionellen Sportarten werden vermittelt, sondern der Schüler erlebt neue Lernfelder, um vielleicht seinen Lifetimesport zu entdecken – Surfen in der Schule!

Ausbildungsstufen
Zur Förderung des Surfsports an allgemein- und berufsbildenden Schulen wurde vom DSV ein dreiphasiges Ausbildungsmodell entwickelt:

1. Ausbildungsstufe
Sie umfaßt die Aus- und Fortbildung von sogenannten Moderatoren/Multiplikatoren in Kooperation mit den zuständigen Schulbehörden. Ziel dieser Phase ist die Qualifizierung von Schullehrern, unter besonderer Berücksichtigung des Umfelds Wassersport, zur Leitung von schulischen Surfveranstaltungen (Lehreraus- und -fortbildung/Schülerausbildung). Des weiteren wird für jeden Regierungsbezirk ein Ausbildungsteam aufgebaut, damit es als Ansprechpartner für die Schulaufsichtsbehörde bereitsteht. Diese Seminare decken daher inhaltlich die Ausbildungsstufen 2 und 3 ab.

2. Ausbildungsstufe
Jetzt sind die Moderatoren/Multiplikatoren gefordert, ihre oben erworbenen didaktisch-methodischen Kenntnisse an ihre Schulkollegen weiterzugeben. In Lehrerfortbildungsmaßnahmen qualifizieren sie diese für die Durchführung vom schulischen Surfunterricht. Diese Seminare decken inhaltlich die Ausbildungsstufe 3 ab.

3. Ausbildungsstufe
Sie umfaßt die Vermittlungsebene des Surfens bei den Schülern, durchgeführt von den in Ausbildungsstufe 2 qualifizierten Lehrern, beziehungsweise natür-

lich auch von den Moderatoren selbst – unter besonderer Berücksichtigung der gültigen Wassersporterlasse der Bundesländer.

Surfstandorte
Durch die Einrichtung von Wassersportzentren werden die materiellen Voraussetzungen geschaffen. Diese Standorte werden in allen Ausbildungsstufen genutzt und sind an entsprechende Unterkunfts- und Verpflegungsmöglichkeiten gekoppelt (zum Beispiel an Jugendherbergen).

Schule und Verein
Wege einer sinnvollen Zusammenarbeit zwischen Schule und Verein sind zur Zeit in Arbeit. Der Schüler soll auch nach der Schulzeit seinen Sport weiterhin mit Gleichgesinnten ausüben können.

Umwelt

Surfen muß immer eine angemessene und sinnvolle Auseinandersetzung mit Natur und Umwelt beinhalten. Zahlreiche Aufgaben sind hier zu bewältigen, damit Breitensport möglich ist und bleibt:
Revierplanung: zum Beispiel die Konzipierung eines idealen Surfreviers unter Berücksichtigung der weiteren Interessengemeinschaften am Revier,
umweltverträgliche Ausrüstung
Umweltseminare: um besonders auch die nichtorganisierten Surfer anzusprechen, um auch bei ihnen eine entsprechende Sensibilisierung zu erreichen,
Aufklärungshilfen: die »10 Goldenen Regeln« oder »Surfer seid fair« sollen alle Wassersportler erreichen und sie für diese Thematik sensibilisieren.
Bereits in den Ausbildungsseminaren sind diese Inhalte Gegenstand einer intensiven Auseinandersetzung.
Ob es sich nun um die Erstellung und Herausgabe von Merkblättern, um die Informationen der Surfer vor Ort oder auf Bootsmessen, um Programme für Vereins- oder schulische Veranstaltungen, um Ausbildungsfragen in Seminaren oder in Lehrmaterialien, um die Vertretung des Surf- und Segelsports im nationalen Bereich, um Kinder, Jugendliche oder Erwachsene handelt – die Förderung des Freizeit- und Breitensports ist eine vielfältige und zentrale Angelegenheit und damit dem Wettkampf- und Leistungssport ebenbürtig.

Kindersurfen

Anschriftenverzeichnis

DEUTSCHER SEGLER-VERBAND
(DSV)
– Mitglied des Deutschen
Sportbundes –
– Landesvertretung in der International
Yacht Racing Union –
Bundesgeschäftsstelle:
Generalsekretär:
Raimar Lachmann
Gründgensstraße 18
2000 Hamburg 60
Telefon: 0 40/6 32 00 90
Präsident:
Hans-Otto-Schümann

Landessegler-Verbände:

Baden-Württemberg
Siegfried Hahn-Woernle
Postanschrift:
Hans Frei
Konstanzer Straße 38
7760 Radolfzell
Telefon: 0 77 32/71 35

Bayerischer Segler-Verband
Curt Bues
Georg-Brauchle-Ring 93
8000 München 50
Telefon: 0 89/15 70 23 66

Berliner Segler-Verband
Dietrich Maes
Bismarckallee 2
1000 Berlin 33
Telefon: 0 30/8 91 50 15

Fachverband Segeln Bremen
Hans-Otto Busche
Anna-Lühring-Straße 66
2800 Bremen 1
Telefon: 04 21/3 67 11 (Büro)
04 21/49 03 91 (privat)

Hamburger Segler-Verband
Jürgen Chr. Schaper
Oevelgönne 10
2000 Hamburg 52
Telefon: 0 40/8 80 44 24

Hessischer Segler-Verband
Hans-Joachim Koltzsch
Hermann-Steinhäuser-Straße 6
6050 Offenbach/M.
Telefon: 0 69/81 38 60

Segler-Verband Niedersachsen
Hans-Georg Kurnol
Lortzingweg 15
2940 Wilhelmshaven
Telefon: 0 44 21/8 14 15

Segler-Verband
Nordrhein-Westfalen
Jutta Reinhold
Unter den Eichen 72
4000 Düsseldorf 12
Telefon: 02 11/29 73 85

Landes-Segler-Verband
Rheinland-Pfalz
Dr. Gerhard Klatt
Dackenheimer Straße 6
6700 Ludwigshafen
Telefon: 06 21/55 21 16

Landesverband
Saarländischer Segler
Josef Dahm
Alleestraße 123
6623 Saarbrücken-Altenkessel
Telefon: 0 68 98/8 12 33

Segler-Verband
Schleswig-Holstein
Heinz Hermann Bald
Haus des Sports - Zi. 215
Winterbeker Weg 49
2300 Kiel 1
Telefon: 04 31/64 86 70

ÖSTERREICHISCHER SEGEL-VERBAND
Große Neugasse 8
A-1040 Wien
Telefon: 01 57 86 88/9

UNION SUISSE DU YACHTING
Sulgenauweg 40
CH-3007 Bern
Telefon: 0 31/45 28 45

Anschriften anerkannter Klassenvereinigungen

Deutsche Windsurferklassen-vereinigung e. V. (DWK)
– betreut Mistral-Klasse (IMCO) –
1. Vorsitzender:
Wolfgang Biegert
Blumenstraße 49
8043 Unterföhring
Telefon: 0 89/9 50 43 12
Sekretariat:
Gerhard Kubal
Seehoffstraße 30
1000 Berlin 37
Telefon: 0 30/8 11 65 61

Mistral-International
Peter Enz
Grindelstraße 11
CH-8303 Bassensdorf
Telefon: 0 18/36 89 22

Vereinigung Deutscher Regatta-surfer e. V. (VDR)
– betreut die Funboards/Division I –
1. Vorsitzender
Wolfgang Dittmann
Von-Werth-Straße 74
5024 Pulheim 2
Telefon: 0 22 34/8 12 94

Klassenvereinigung Deutscher Segel-surfer e. V. (KDS)
– betreut Division II –
1. Vorsitzender
Horst Siegeler
Werzenkamp 103
4600 Dortmund 14
Telefon: 02 31/23 93 93

International Board Sailing
Association
(Division II international)
PO Box 1710
CH-3001 Bern
Telefon: 0 31/45 35 25

Deutsche Tandem Klassenvereinigung
e. V. (DTK)
– betreut die Division III –
1. Vorsitzender
Alexander Maucher
Kurische Straße 20
5000 Köln 50
Telefon: 0 22 33/2 18 86

Sonstige Klassenvereinigungen

German Speed Association
Eimsbütteler Straße 83–89
2000 Hamburg 50
Telefon: 0 40/4 39 22 83

Segelsurfgrundschein

Der Surfgrundschein wird auf vielen Gewässern als Befähigungsnachweis benötigt. Zur Zeit ist er zwar noch kein »amtliches Muß«, hilft aber, den Surfsport frei von staatlichen Zwängen zu halten.

Die Prüfung zum Surfgrundschein des Deutschen Segler-Verbandes besteht, wie bei anderen Organisationen auch, aus zwei Teilen, die beide bestanden werden müssen:

1. dem praktischen Teil, in dem die Fähigkeiten und Fertigkeiten zur sicheren Brettbeherrschung am und auf dem Wasser geprüft werden,
2. dem theoretischen Teil, in dem das notwendige Wissen zu den Themen
   - Wasserverkehrsrecht und Gesetzeskunde,
   - Sicherheit und Gesundheit,
   - Materialkunde,
   - Segeltheorie,
   - Wetter,
   - Umwelt- und Naturschutz

geprüft wird.

Im praktischen Teil soll der Surfschüler folgende Fertigkeiten nachweisen:

- Aufriggen,
- Notabriggen auf dem Wasser und notabgeriggt paddeln,
- Knoten,
- Schot- oder Strandstart,
- Steuern,
- Fahren auf verschiedenen Kursen,
- Wenden und Halsen, jeweils von Steuer- und Backbordbug,
- Aufkreuzen zu einem bestimmten Ziel in Luv,
- Notstop.

Der Prüfer achtet bei der praktischen Prüfung auf die sichere Beherrschung der Ausweichregeln.

Die praktische Prüfung soll bei Windstärken bis 3 Beaufort durchgeführt werden.

Der theoretische Teil der Prüfung erfolgt durch Ausfüllen von einem von 4 Fragebögen.

Eine Wiederholung eines oder beider Prüfungsteile ist möglich.

Der DSV behält sich vor, die Prüfungsfragen und -anforderungen bei Bedarf den jeweiligen Bedürfnissen anzupassen, zu ergänzen oder durch andere Inhalte zu ersetzen.

Weiterführende Informationen und eine gründliche Prüfungsvorbereitung erhalten Sie in dem Buch: DEUTSCHER SEGLER-VERBAND (Hrsg.): Surfen für Einsteiger, Hamburg 1988 (DSV-Verlag).

DEUTSCHER SEGLER-VERBAND

Fachverband für den Segelsport

Mitglied des Deutschen Sportbundes

Landesvertretung in der International Yacht Racing Union

SEGELSURFSCHEIN

mit

GRUNDSCHEIN

Teilnahmebedingungen

Test für Anfänger:

Den Test hat bestanden, wer **eine** der angeführten Leistungen (oder eine gleichwertige andere) erbracht hat:

☐ Teilnahme an umfassender Einführung und Trockenübungen an Land

☐ ca. 60 Minuten Balanceübungen mit dem Brett im Wasser

☐ Startübungen und Geradeausfahren (ca. 60 Minuten)

Test für Fortgeschrittene

Den Test für Fortgeschrittene hat bestanden, wer cirka 1 Stunde (oder mehr) gesurft hat, wobei der Veranstalter mehrmals oder ständig (je nach Veranstaltungsart) starten kann.
Die Teilnahme kann in folgender Weise geschehen:

1. Absolvierung eines Dreieckkurses
2. Absolvierung eines M-Kurses
3. Teilnahme an einem Surfmarathon (mindestens 10 km)
4. Teilnahme an einer Jedermannregatta (mindestens 2 Wettfahrten)

Soweit es das Revier nicht zuläßt, können auch andere Kursformen gewählt werden.

Am Volkswettbewerb

Segelsurfen für jedermann

hat

____
(Name des Teilnehmers)

erfolgreich teilgenommen.

Ort, Datum: ____________________

Stempel/Unterschrift
des Veranstalters:

Glossar

A

Abdrift: seitliches Versetzen des Brettes, verursacht durch Wind und Strömung

ablandiger Wind: seewärts gerichtete Windrichtung

achtern: hinten auf dem Brett

Amwindkurse: Kurse, die schräg gegen den Wind verlaufen

anluven: Veränderung der Fahrtrichtung, bei der der Bug zum Wind dreht

Anstellwinkel: Winkel zwischen Segelebene und relativem Wind

auffieren: siehe fieren

auffrischender Wind: stärker werdender Wind

auflandiger Wind: landwärts gerichtete Windrichtung

B

Backbord: die linke Brettseite in Fahrtrichtung gesehen

backhalten: das Rigg entgegen der Fahrtrichtung drücken (auf Vorwindkurs nicht möglich)

Beachstart: anderer Begriff für Strandstart

Beaufort-Skala: vom englischen Admiral Sir Francis Beaufort 1806 nach sichtbaren Kriterien aufgestellte Windstärkenskala

C

Custom made: ein in Form und Design speziell nach den Wünschen des Kunden einzeln angefertigtes Brett

D

dichtholen: bei unveränderter Mastposition das Segel mit der Segelhand zum Körper ziehen

F

fieren: bei unveränderter Position des Mastes mit der Segelhand das Segel aufmachen

H

Halbwindkurs: Kurs, der quer zum Wind verläuft

Halse: Richtungsänderung, bei der das Heck durch den Wind dreht und die Segelseite durch Umklappen des Riggs gewechselt wird

Höhengewinn: der Luvgewinn, der auf Amwindkurs oder durch Kreuzen erreicht wird

K

killen: Flattern des Segels (ohne Winddruck)

kreuzen: durch das Aneinanderreihen mehrerer Wenden im Zickzack-Kurs gegen den Wind fahren

L

Lee: die windabgewandte Seite

Luv: die windzugewandte Seite

M

Masthand: die mastnähere (vordere) Hand am Gabelbaum

Mastprotektor: Polsterung zum Schutz von Brett und Füßen, die um den Mastfuß und unteren Mastbereich gewickelt wird

N

Neopren: künstlich hergestellter Kautschuk (Chloroprenkautschuk), der durch Luftbläscheneinschluß gut wärmeisoliert; gebräuchlichstes Material für Kälteschutzkleidung

R

Raumwindkurse: Kurse, die schräg vom Wind weg verlaufen
Rocker: Aufbiegung des Unterwasserschiffs im Heckbereich

S

Scoop: Aufbiegung des Unterwasserschiffs im Bugbereich
Segelhand: die schothornnähere (hintere) Hand am Gabelbaum
semikomplett: vollausgestattetes Brett einschließlich Mastfuß, Schwert, Finne
Steuerbord: die rechte Seite des Brettes in Fahrtrichtung gesehen

T

Tampen: von Surfern benutzter Ausdruck für eine kurze Leine
Trimmen: Veränderung der Spannung von Vorliekstreckern (Segelhals, Segeltopp), Trimmschot, Segellattenspannern und anderen Trimmeinrichtungen am Segel
Trimmrolle: flaschenzugähnliche Vorrichtung, die am Segeltopp, Segelhals und Schothorn zum kraftsparenden Trimmen verwendet wird

U

überziehen: Segel über die Brettmitte nach Luv ziehen
unterschneiden: ungewolltes Untertauchen des Bugs durch Wellen

V

Vorwindkurs: Kurs, der genau in Windrichtung verläuft

W

Wende: Richtungsänderung, bei der der Bug durch den Wind dreht und die Segelseite gewechselt wird
Wettfahrt: mehrere Wettfahrten ergeben eine Regatta

Z

Zielschiff: stellt eine der beiden Begrenzungen einer Ziellinie dar

Beaufortskala

Windstärke in Beaufort	Bezeichnung im Wetterbericht	Windgeschwindigkeit in km/h	abschätzbar an
0	allgemein schwach	< 1	glattes Wasser, Rauch steigt senkrecht hoch
1		1 – 5	kleine Kräuselwelle, Rauch bewegt sich
2		6 – 11	kleine Wellen, Blätter und Flaggen bewegen sich
3	schwach	12 – 19	Wellenkämme beginnen zu brechen, Blätter und dünne Zweige bewegt
4	mäßig	20 – 28	Wellen werden länger, Ausbreitung weißer Schaumköpfe, Staub und loses Papier werden gehoben
5	frisch	29 – 38	überall weiße Schaumköpfe, kleine Bäume beginnen zu schwanken, Flaggen wehen scharf aus
6	stark	39 – 49	Wellenkämme brechen, etwas Gischt, Bäume stark bewegt
7	steif	50 – 61	hohe Wellen, Schaum in Streifen, Hemmung beim Gehen gegen den Wind
8	stürmisch	62 – 74	Von den Wellenkämmen beginnt Gischt abzuwehen, Zweige brechen, Gehen erschwert.

Diese Tabelle ist unvollständig. Die Windstärken 9–12 in Beaufort wurden nicht berücksichtigt.

Register

Nützliche Ratgeber

Stand: Sommer 1988

Essen und Trinken

FALKEN EXKLUSIV
Kochen in höchster Vollendung
Aus vier Elementen ist alles zusammengefügt (Theophrast). (4291) Von M. Wissing, M. Kirsch, 160 S., 230 Farbfotos, Leinen geprägt mit Schutzumschlag, im Schuber, **DM 98,–**, S 784.–

Was koche ich heute?
Neue Rezepte für Fix-Gerichte. (0608) Von A. Badelt-Vogt, 112 S., 16 Farbtafeln, kart. ●

Kochen für 1 Person
Rationell wirtschaften, abwechslungsreich und schmackhaft zubereiten. (0586) Von M. Nicolin, 136 S., 8 Farbtafeln, 23 Zeichnungen, kart. ●

Schnell und individuell
Die raffinierte Single-Küche
(4266) Von F. Faist, 160 S., 151 Farbfotos, Pappband. ●●●

Gesunde Kost aus dem Römertopf
(0442) Von J. Kramer, 128 S., 8 Farbtafeln, 13 Zeichnungen, kart. ●

FALKEN-FEINSCHMECKER
Pasta in Höchstform **Nudeln**
(0884) Von M. Kirsch, 64 S., 62 Farbfotos, Pappband. ●

Nudelgerichte
– lecker, locker, leicht zu kochen. (0466) Von C. Stephan, 80 S., 8 Farbtafeln, kart. ●

FALKEN-FEINSCHMECKER
In Hülle und Fülle
Pasteten und Terrinen
(0883) Von M. Kirsch, 48 S., 62 Farbfotos, Pappband. ●

FALKEN-FEINSCHMECKER
Spezialitäten unter knuspriger Decke
Aufläufe
(0882) Von C. Adam, 48 S., 33 Farbfotos, Pappband. ●

Eintöpfe und Aufläufe
Das Beste aus den Kochtöpfen der Welt (5079) Von A. und G. Eckert, 64 S., 50 Farbfotos, Pappband. ●●

FALKEN-FEINSCHMECKER
Herzhaftes für Leib und Seele
Eintöpfe
(0820) Von P. Klein, 48 S., 30 Farbfotos, Pappband. ●

Schnell und gut gekocht
Die tollsten Rezepte für den Schnellkochtopf. (0265) Von J. Ley, 96 S., 8 Farbtafeln, kart. ●

Kochen und backen im Heißluftherd
Vorteile, Gebrauchsanleitung, Rezepte. (0516) Von K. Kölner, 72 S., 8 Farbtafeln, kart. ●

Zaubern mit der schnellen Welle
Die neue Mikrowellenküche
(4289) Von F. Faist, 208 S., 188 Farbfotos, Pappband. ●●●

Das neue Mikrowellen-Kochbuch
(0434) Von H. Neu, 64 S., 4 Farbtafeln, 16 s/w Zeichnungen, kart. ●

Ganz und gar mit Mikrowellen
(4094) Von T. Peters, 208 S., 24 Farbfotos, 12 Zeichnungen, kart. ●●●

FALKEN-FEINSCHMECKER
Schnell auf den Tisch gezaubert
Kochen mit Mikrowellen
(0818) Von A. Danner, 64 S., 52 Farbfotos, Pappband. ●

Marmeladen, Gelees und Konfitüren
Köstlich wie zu Omas Zeiten – einfach selbstgemacht. (0720) Von M. Gutta, 32 S., 23 Farbfotos, 1 Zeichnung, Pappband. ●

Einkochen
nach allen Regeln der Kunst. (0405) Von B. Müller, 128 S., 8 Farbtafeln, kart. ●

Einkochen, Einlegen, Einfrieren
(4055) Von B. Müller, 152 S., 27 s/w.-Abb., kart. ●●

Haltbarmachen in der Öko-Küche
Gesunde Konservierungsmethoden für Obst, Gemüse, Kräuter und Pilze. (0932) Von M. Bustorf-Hirsch, 120 S., 56 Farbfotos, 36 Farbzeichnungen. kart. ●●

FALKEN-FEINSCHMECKER
Goldbraun und knusprig
Fritierte Leckerbissen
(0868) Von F. Faist, 64 S., 47 Farbfotos, Pappband. ●

Das neue Fritieren
geruchlos, schmackhaft und gesund. (0365) Von P. Kühne, 96 S., 8 Farbtafeln, kart. ●

FALKEN-FEINSCHMECKER
Die Krönung der feinen Küche
Saucen
(0817) Von G. Cavestri, 48 S., 40 Farbfotos, Pappband. ●

FALKEN-FEINSCHMECKER
Edler Kern in harter Schale
Meeresfrüchte
(0886) Von L. Grieser, 48 S., 52 Farbfotos, Pappband. ●

FALKEN-FEINSCHMECKER
Von Tatar und falschen Hasen
Hackfleisch
(0866) Von A. und G. Eckert, 64 S., 42 Farbfotos, Pappband. ●

Mehr Freude und Erfolg beim **Grillen**
(4141) Von A. Berliner, 160 S., 147 Farbfotos, 10 farbige Zeichnungen, Pappband. ●●●

Grillen für Geniesser
Fleisch · Fisch · Beilagen · Soßen. (5001) Von E. Fuhrmann, 64 S., 38 Farbfotos, Pappband. ●●

FALKEN-FEINSCHMECKER
Köstliches von Rost und Spieß
Grillen
(0931) Von A. Kalcher-Dähn, H. K. Kalcher, 64 S., 43 Farbfotos, Pappband. ●

Chinesisch kochen
mit dem Wok-Topf und dem Mongolen-Topf. (0557) Von C. Korn, 64 S., 8 Farbtafeln, kart. ●

FALKEN-FEINSCHMECKER
Verheißungsvoll fernöstlich
Spezialitäten aus dem Wok
(0933) Von H. K. Jen, 64 S., 56 Farbfotos, Pappband. ●

Schlemmerreise durch die
Chinesische Küche
(4184) Von K. H. Jen, 160 S., 117 Farbfotos, Pappband. ●●●

Nordische Küche
Speisen und Getränke von der Küste. (5082) Von J. Kürtz, 64 S., 44 Farbfotos, Pappband. ●●

Essen in Hessen
Spezialitäten zwischen Schwalm und Odenwald. (0837) Von R. Witt, 120 S., 10 s/w-Zeichnungen, Pappband. ●●

Schlemmerreise durch die
Französische Küche
(4296) Von H. Imhof, 160 S., 147 Farbfotos, 3 s/w-Fotos, Pappband. ●●●

Französisch kochen
Eine kulinarische Reise durch Frankreich. (5016) Von M. Gutta, 64 S., 35 Farbfotos, Pappband. ●●

Französische Küche
(0685) Von M. Gutta, 96 S., 16 Farbtafeln, kart. ●

Französische Spezialitäten aus dem Backofen
Herzhafte Tartes und Quiches mit Fleisch, Fisch, Gemüse und Käse
(5146) Von P. Klein, 64 S., 43 Farbfotos, Pappband. ●●

FALKEN-FEINSCHMECKER
Aus lauter Lust und Liebe
Knoblauch
(0867) Von L. Reinirkens, 64 S., 45 Farbfotos, Pappband. ●

Kochen und würzen mit **Knoblauch**
(0725) Von A. und G. Eckert, 96 S., 8 Farbtafeln, kart. ●

Schlemmerreise durch die
Italienische Küche
(4172) Von V. Pifferi. 160 S., 109 Farbfotos, Pappband. ●●●

Pizza, Pasta und die feine italienische Küche
(4270) Von R. Rudatis, 120 S., 255 Farbfotos, Pappband. ●●

Italienische Küche
Ein kulinarischer Streifzug mit regionalen Spezialitäten. (5026) Von M. Gutta, 64 S., 35 Farbfotos, Pappband. ●●

FALKEN-FEINSCHMECKER
Schlemmen wie bei Mamma Maria
Pizzas
(0815) Von F. Faist, 64 S., 62 Farbfotos, Pappband. ●

Köstliche Pilzgerichte
Tips und Rezepte für die häufigsten Pilzgattungen. (5133) Von V. Spicker-Noack, M. Knoop, 64 S., 52 Farbfotos, Pappband. ●●

Fondues
und fritierte Leckerbissen. (0471) Von S. Stein, 96 S., 8 Farbtafeln, kart. ●

Fondues · Raclettes · Flambiertes
(4081) Von R. Peiler und M.-L. Schult, 136 S., 15 Farbtafeln, 28 Zeichnungen, kart. ●●

Neue, raffinierte Rezepte mit dem Raclette-Grill
(0558) Von L. Helger, 56 S., 8 Farbtafeln, kart. ●

Rezepte rund um Raclette und Doppeldecker
(0420) Von J. W. Hochscheid, 72 S., 8 Farbtafeln, kart. ●

Die hier vorgestellten Bücher, Videokassetten und Software sind in folgende Preisgruppen unterteilt:

● Preisgruppe bis DM 10,–/S 79,–
●● Preisgruppe über DM 10,– bis DM 20,– S 80,– bis S 160,–
●●● Preisgruppe über DM 20,– bis DM 30,– S 161,– bis S 240,–
●●●● Preisgruppe über DM 30,– bis DM 50,– S 241,– bis S 400,–
●●●●● Preisgruppe über DM 50,–/S 401,–
*(unverbindliche Preisempfehlung)

Die Preise entsprechen dem Status beim Druck dieses Verzeichnisses (s. Seite 1) – Änderungen, im besonderen der Preise, vorbehalten –

FALKEN

Fondues und Raclettes
(4253) Von F. Faist, 160 S., 125 Farbfotos, Pappband. ●●●

FALKEN-FEINSCHMECKER
Schmelzendes Käsevergnügen
Raclette
(0881) Von F. Faist, 48 S., 33 Farbfotos, Pappband. ●

Kulinarischer Feuerzauber
Flambieren
(4294) Von R. Wesseler, 120 S., 100 Farbfotos, Pappband. ●●●

Kochen und würzen mit
Paprika
(0792) Von A. und G. Eckert, 88 S., 8 Farbtafeln, kart. ●

Köstlichkeiten für Gäste und Feste
Kalte Platten
(4200) Von I. Pfliegner. 160 S., 130 Farbfotos, Pappband. ●●●

Kalte Happen und Partysnacks
Canapés, Sandwiches, Pastetchen, Salate und Suppen. (5029) Von D. Peters, 64 S., 44 Farbfotos, Pappband. ●●

Garnieren und Verzieren
(4236) Von R. Biller, 160 S., 329 Farbfotos, 57 Zeichnungen, Pappband. ●●●

Desserts
Puddings, Joghurts, Fruchtsalate, Eis, Gebäck, Getränke. (5020) Von M. Gutta, 64 S., 41 Farbfotos, Pappband. ●●

FALKEN-FEINSCHMECKER
Süße Verführungen
Desserts
(0885) Von M. Bacher, 64 S., 75 Farbfotos, Pappband. ●

FALKEN-FEINSCHMECKER
Süße Geheimnisse eiskalt gelüftet
Eis und Sorbets
(0870) Von H. W. Liebheit, 48 S., 38 Farbfotos, Pappband. ●

Crêpes, Omeletts und Soufflés
Pikante und süße Spezialitäten. (5131) Von J. Rosenkranz, 64 S., 45 Farbfotos, Pappband. ●●

Kuchen und Torten
Die besten und beliebtesten Rezepte. (5067) Von M. Sauerborn, 64 S., 79 Farbfotos, Pappband. ●●

Tortenträume und Kuchenfantasien
Gebackene Köstlichkeiten originell dekoriert und verziert. (0823) Von F. Faist, 80 S., 150 Farbfotos, kart. ●●

Backen mit Lust und Liebe
(4284) Von M. Schumacher, R. Krake, 242 S., 348 Farbfotos, 18 farb. Vignetten, 3 vierseitige Ausklapptafeln, Pappband. ●●●●

Backen, was allen schmeckt
Kuchen, Torten, Gebäck und Brot. (4166) Von E. Blome, 556 S., 40 Farbtafeln, Pappband. ●●●

Meine Vollkornbackstube
Brot · Kuchen · Aufläufe. (0616) Von R. Raffelt, 96 S., 4 Farbtafeln, 12 Zeichnungen, kart. ●

FALKEN-FEINSCHMECKER
Knusprig, kernig, urgesund
Vollkornbrot
(0938) Von S. Reiter, 64 S., 56 Farbfotos, Pappband. ●

FALKEN-FEINSCHMECKER
Mit Körnern, Zimt und Mandelkern
Vollkorngebäck
(0816) Von M. Bustorf-Hirsch, 48 S., 39 Farbfotos, Pappband. ●

Biologisch Backen
Neue Rezeptideen für Kuchen, Brote, Kleingebäck aus vollem Korn. (4174) Von M. Bustorf-Hirsch, 136 S., 15 Farbtafeln, 47 Zeichnungen, kart. ●●

Selbst Brotbacken
Über 50 erprobte Rezepte. (0370) Von J. Schiermann, 80 S., 6 Zeichnungen, 4 Farbtafeln, kart. ●

Mehr Freude und Erfolg beim
Brotbacken
(4148) Von A. und G. Eckert, 160 S., 177 Farbfotos, Pappband. ●●●

Brotspezialitäten
knusprig backen – herzhaft kochen. (5088) Von J. W. Hochscheid, L. Helger, 64 S., 48 Farbfotos, Pappband. ●●

Weihnachtsbäckerei
Köstliche Plätzchen, Stollen, Honigkuchen und Festtagstorten. (0682) Von M. Sauerborn, 32 S., 34 Farbfotos, Pappband. ●

Waffeln
süß und pikant. (0522) Von C. Stephan, 64 S., 8 Farbtafeln, kart. ●

Alles mit Joghurt
tagfrisch selbstgemacht. Mit vielen Rezepten. (0382) Von G. Volz, 88 S., 8 Farbtafeln, kart. ●

Joghurt, Quark, Käse und Butter
Schmackhaftes aus Milch hausgemacht. (0739) Von M. Bustorf-Hirsch. 32 S., 59 Farbabb., Pappband. ●

FALKEN-FEINSCHMECKER
Raffiniert und gesund würzen
Kräuterküche
(0869) Von A. Görgens, 48 S.,43 Farbfotos, Pappband. ●

Miekes Kräuter- und Gewürzkochbuch
(0323) Von I. Persy, K. Mieke, 96 S., 8 Farbtafeln, kart. ●

Das köstliche knackige Schlemmervergnügen.
Salate
(4165) Von V. Müller. 160 S., 80 Farbfotos, Pappband. ●●●

FALKEN-FEINSCHMECKER
Frisch und leicht als Hauptgericht
Schlemmersalate
(0934) Von C. Adam, 64 S., 49 Farbfotos, Pappband. ●

111 köstliche Salate
Erprobte Rezepte mit Pfiff. (0222) Von C. Schönherr, 96 S., 8 Farbtafeln, 30 Zeichnungen, kart. ●

FALKEN-FEINSCHMECKER
Köstlich frisch auf den Tisch
Rohkostsalate
(0865) Von C. Adam, 48 S., 26 Farbfotos, Pappband. ●

Die abwechslungsreiche Vollwertküche
Vitaminreich und naturbelassen kochen und backen. (4229) Von M. Bustorf-Hirsch, K. Siegel, 280 S., 31 Farbtafeln, 78 Zeichnungen, Pappband. ●●●●

Die feine Vollwertküche
(4286) Von M. Bustorf-Hirsch, 160 S., 83 Farbfotos, Pappband. ●●●

Meine Vollkornküche
Herzhaftes von echtem Schrot und Korn (0858) Von S. Walz, 128 S., 8 Farbtafeln, kart. ●

FALKEN-FEINSCHMECKER
Dinkel, Hirse, Roggenkorn…
Kerniges aus der Getreideküche
(0932) Von S. Frank, 64 S., 49 Farbfotos, Pappband. ●

FALKEN-FEINSCHMECKER
Die verlockende Alternative
Süße Vollwertküche
(0936) Von A. Roßmeier, 64 S., 50 Farbfotos, Pappband. ●

FALKEN-FEINSCHMECKER
Die gesunde Art, sich zu verwöhnen
Vollwertküche für Singles
(0937) Von A. Görgens, 64 S., 43 Farbfotos, Pappband. ●

Alternativ essen
Die gesunde Sojaküche.
(0553) Von U. Kolster, 112 S., 8 Farbtafeln, kart. ●

Kochen mit Tofu
Die gesunde Alternative. (0894) Von U. Kolster, 80 S., 8 Farbtafeln, kart. ●

Das Reformhaus-Kochbuch
Gesunde Ernährung mit hochwertigen Naturprodukten. (4180) Von A. und G. Eckert, 160 S. 15 Farbtafeln, Pappband. ●●●

Gesund kochen mit Keimen und Sprossen
(0794) Von M. Bustorf-Hirsch, 104 S., 8 Farbtafeln, 13 s/w-Zeichnungen, kart. ●

Keime und Sprossen in der Naturküche
(4299) Von M. Bustorf-Hirsch, 96 S., 144 Farbfotos, Pappband. ●●

Die feine Vegetarische Küche
(4235) Von F. Faist, 160 S., 191 Farbfotos, Pappband. ●●●

Biologische Ernährung
für eine natürliche und gesunde Lebensweise. (4125) Von G. Leibold, 136 S., 15 Farbtafeln, 47 Zeichnungen, kart. ●●

Gesunde Ernährung für mein Kind
(0776) Von M. Bustorf-Hirsch, 96 S., 8 Farbtafeln, 5 s/w Zeichnungen, kart. ●

Vitaminreich und naturbelassen
Biologisch Kochen
(4162) Von M. Bustorf-Hirsch, K. Siegel, 144 S., 15 Farbtafeln, 31 Zeichnungen, kart. ●●

Gesund kochen
wasserarm · fettfrei · aromatisch. (4060) Von M. Gutta, 240 S., 16 Farbtafeln, Pappband. ●●●

Naturküche à la carte
(4406) Von M. Wissing, M. Kirsch, 160 S., 179 Farbfotos, Pappband. ●●●●

Würzig kochen ohne Salz
(0922) Von S. Roediger-Streubel, 160 S., 16 Farbtafeln, kart. ●●

Natursammlers Kuchbuch
Wildfrüchte und Gemüse, Pilze, Kräuter – finden und zubereiten. (4040) Von C. M. Kerler, 140 S., 12 Farbtafeln, kart. ●●

Kräuter- und Heilpflanzen-Kochbuch
für eine gesunde Lebensweise. (4066) Von P. Pervenche, 143 S., 15 Farbtafeln. kart. ●●

Pralinen und Konfekt
Kleine Köstlichkeiten selbstgemacht. (0731) Von H. Engelke, 32 S., 57 Farbfotos, Pappband. ●

FALKEN-FEINSCHMECKER
Zart schmelzende Versuchungen
Schokolade
(0819) Von J. Schroer, 48 S., 53 Farbfotos, Pappband. ●

Die hier vorgestellten Bücher, Videokassetten und Software sind in folgende Preisgruppen unterteilt:

● Preisgruppe bis DM 10,–/S 79,–
●● Preisgruppe über DM 10,– bis DM 20,– S 80,– bis S 160,–
●●● Preisgruppe über DM 20,– bis DM 30,– S 161,– bis S 240,–
●●●● Preisgruppe über DM 30,– bis DM 50,– S 241,– bis S 400,–
●●●●● Preisgruppe über DM 50,–/S 401,–
*(unverbindliche Preisempfehlung)

Die Preise entsprechen dem Status beim Druck dieses Verzeichnisses (s. Seite 1) – Änderungen, im besonderen der Preise, vorbehalten –

FALKEN

Das richtige Frühstück
Gesunde Vollwertkost vitaminreich und naturbelassen. (0784) Von C. Kratzel, R. Böll, 32 S., 28 Farbfotos, Pappband. ●

Bocuse à la carte
Französisch kochen mit dem Meister. (4237) Von P. Bocuse, 88 S., 218 Farbfotos, Pappband. ●●

Kochschule mit Paul Bocuse
(6016) VHS, 60 Min. in Farbe. ●●●●●*

Der schön gedeckte Tisch
Vom einfachen Gedeck bis zur Festtafel stimmungsvoll und perfekt arrangiert. (4246) Von H. Tapper, 112 S., 206 Farbabbildungen, 21 s/w-Abbildungen, Pappband. ●●●

Servietten dekorativ falten
Geschmackvolle Anregungen aus Stoff und Papier. (0804) Von H. Tapper, 3T S., 134 Farbfotos, Pappband. ●

Cocktails
(4267) Von W. R. Hoffmann, W. Hubert, U. Lottring, 160 S., 164 Farbfotos, 1 s/w-Foto, Pappband. ●●●

Neue Cocktails und Drinks
mit und ohne Alkohol. (0517) Von S. Späth, 128 S., 4 Farbtafeln, kart., ●

Mixgetränke
mit und ohne Alkohol (5017) Von C. Arius, 64 S., 35 Farbfotos, Pappband. ●●

FALKEN-FEINSCHMECKER
Fruchtig, spritzig, eisgekühlt
Mixen ohne Alkohol
(0935) Von S. Späth, 64 S., 44 Farbfotos, Pappband. ●

Cocktails und Mixereien
für häusliche Feste und Feiern. (0075) Von J. Walker, 96 S., 4 Farbtafeln, kart. ●

Die besten Punsche, Grogs und Bowlen
(0575) Von F. Dingden, 64 S., 4 Farbtafeln, kart. ●

Weine und Säfte, Liköre und Sekt
selbstgemacht. (0702) Von P. Arauner, 232 S., 76 Abb., kart. ●●

Mitbringsel aus meiner Küche
selbst gemacht und liebevoll verpackt. (0668) Von C. Schönherr, 32 S., 30 Farbfotos, Pappband. ●

Weinlexikon
Wissenswertes über die Weine der Welt. (4149) Von U. Keller, 228 S., 6 Farbtafeln, 395 s/w-Fotos, Pappband. ●●●

Heißgeliebter Tee
Sorten, Rezepte und Geschichten. (4114) Von C. Maronde, 153 S., 16 Farbtafeln, 93 Zeichnungen, Pappband. ●●●

Tee für Genießer.
Sorten · Riten · Rezepte. (0356) Von M. Nicolin, 64 S., 4 Farbtafeln, kart. ●

Tee
Herkunft · Mischungen · Rezepte. (0515) Von S. Ruske, 96 S., 4 Farbtafeln, 16 s/w-Abbildungen, Pappband. ●

Kinder lernen spielend backen
(5110) Von M. Gutta, 64 S., 45 Farbfotos, Pappband. ●●

Kinder lernen spielend kochen
Lieblingsgerichte mit viel Spaß selbst zubereitet. (5096) Von M. Gutta, 64 S., 45 Farbfotos, Pappband, ●●

Komm, koch mit mir
Kunterbuntes Kochvergnügen für Kinder. (4285) Von S. und H. Theilig, Illustrationen von B. v. Hayek, 96 S., 48 Farbfotos, 350 Farb- und 1 s/w-Zeichnung, Pappband. ●●

Schlank werden nach Dr. Hay
Trennkost
Die bewährten Vollwert-Rezepte von Ursula Summ. (4298) Von U. Summ, 96 S., 54 Farbtafeln, 1 Zeichnung, kart. ●●

Gesund leben – schlank werden mit der
Bio-Kur
(0657) Von S. Winter. 144 S., 4 Farbtafeln, kart. ●

SLIM
Der neue, individuelle Schlankheitsplan (4277) Von Prof. Dr. E. Menden, W. Aign. 120 S., 440 Farbfotos, Pappband. ●●●

Kalorien – Joule
Eiweiß · Fett · Kohlenhydrate tabellarisch nach gebräuchlichen Mengen. (0374) Von M. Bormio, 88 S., kart. ●

Vitamine und Ballaststoffe
So ermittle ich meinen täglichen Bedarf (0746) Von Prof. Dr. M. Wagner, I. Bongartz. 96 S., 6 Farbabb., zahlreiche Tabellen, kart. ●

Hobby und Freizeit

Aquarellmalerei
als Kunst und Hobby. (4147) Von H. Haack, B. Wersche, 136 S., 62 Farbfotos, 119 Zeichnungen, Pappband. ●●●●

Aquarellmalerei
Materialien · Techniken · Motive. (5099) Von T. Hinz, 64 S., 79 Farbfotos, Pappband. ●●

Hobby Aquarellmalen
Landschaft und Stilleben. (0876) Von I. Schade, A. Brück, 80 S., 111 Farbabbildungen, kart. ●●

Videokassette
Hobby Aquarellmalen
Landschaft und Stilleben (6022) VHS, ca. 40 Min., in Farbe, ●●●●*

Aquarellmalerei leicht gelernt
Materialien · Techniken · Motive. (0787) Von T. Hinz, R. Braun, B. Zeidler, 32 S., 38 Farbfotos, 1 Zeichnung, Pappband. ●

Aquarellieren auf Seide
Materialien · Techniken · Motive. (0917) Von I. Demharter, 32 S., 41 Farbfotos, Pappband. ●

Hobby Ölmalerei
Landschaft und Stilleben. (0875) Von H. Kämper, I. Becker, 80 S., 93 Farbabb., kart. ●●

Videokassette
Hobby Ölmalerei
Landschaft und Stilleben (6025) VHS, ca. 40 Min., in Farbe, ●●●●*

Falken-Handbuch
Zeichnen und Malen
(4167) Von B. Bagnall, 336 S., 1154 Farbabb., Pappband. ●●●●●

Das große farbige PLAKA-Buch
Malen und Basteln
(4402) Von H.-J. Giesecke, 192 S., 225 Farbfotos, 20 Farb- und 4 s/w- Zeichnungen, Pappband. ●●

Das große farbige
Bastelbuch für Kinder
(4254) Von U. Barff, I. Burkhardt, J. Maier. 224 S., 157 Farbfotos, 430 Farb- und 69 s/w-Zeichnungen, Pappband. ●●●

Punkt, Punkt, Komma, Strich
Zeichenstunden für Kinder. (0564) Von H. Witzig, 144 S., über 250 Zeichnungen, kart. ●

Einmal grad und einmal krumm
Zeichenstunden für Kinder. (0599) Von H. Witzig, 144 S., 363 Abb. kart. ●

Naive Malerei
Materialien · Motive · Techniken. (5083) Von F. Krettek, 64 S., 76 Farbfotos, Pappband. ●●

Bauernmalerei
als Kunst und Hobby. (4057) Von A. Gast, H. Stegmüller, 128 S., 239 Farbfotos, 26 Riß-Zeichnungen, Pappband. ●●●●

Hobby Bauernmalerei
(0436) Von S. Ramos und J. Roszak, 80 S., 116 Farbfotos und 28 Motivvorlagen, kart. ●●

Bauernmalerei
Kreatives Hobby nach alter Volkskunst (5039) Von S. Ramos, 64 S., 85 Farbfotos, Pappband. ●●

Glasmalerei
als Kunst und Hobby. (4088) Von F. Krettek und S. Beeh-Lustenberger, 132 S., 182 Farbfotos, 38 Motivvorlagen, Pappband. ●●●●

Naive Hinterglasmalerei
Materialien · Techniken · Bildvorlagen (5145) Von F. Krettek, 64 S., 87 Farbfotos, 6 Zeichnungen, Pappband. ●●

Kalligraphie
Die Kunst des schönen Schreibens (4263) Von C. Hartmann, 120 S., 44 Farbvorlagen, 29 s/w-Vorlagen, 2 s/w-Zeichnungen, 38 Farbfotos, Pappband. ●●●●

Seidenmalerei als Kunst und Hobby
(4264) Von S. Hahn, 136 S., 256 Farbfotos, 1 s/w-Foto, 34 Farbzeichnungen, Pappband. ●●●●

Kunstvolle Seidenmalerei
Mit zauberhaften Ideen zum Nachgestalten. (0783) Von I. Demharter, 32 S., 56 Farbfotos, Pappband. ●

Zauberhafte Seidenmalerei
Materialien · Techniken · Gestaltungsvorschläge. (0664) Von E. Dorn, 32 S., 62 Farbfotos, Pappband. ●

Neue zauberhafte Seidenmalerei
Motive und Anregungen aus der Natur. (0924) Von R. Henge, 80 S., 148 Farbfotos, 27 s/w-Zeichnungen, kart. ●●

Hobby Seidenmalerei
(0611) Von R. Henge, 88 S., 106 Farbfotos, 28 Zeichnungen, kart. ●●

Hobby Stoffdruck und Stoffmalerei
(0555) Von A. Ursin, 80 S., 68 Farbfotos, 68 Zeichnungen, kart. ●●

Stoffmalerei und Stoffdruck
Materialien · Techniken · Ideen · Modelle (5074) Von H. Gehring, 64 S., 110 Farbfotos, Pappband. ●●

Batik
leicht gemacht. Materialien ·Färbetechniken · Gestaltungsideen. (5112) Von A. Gast, 64 S., 105 Farbfotos, Pappband. ●●

Die hier vorgestellten Bücher, Videokassetten und Software sind in folgende Preisgruppen unterteilt:

● Preisgruppe bis DM 10,–/S 79,–
●● Preisgruppe über DM 10,– bis DM 20,–/S 80,– bis S 160,–
●●● Preisgruppe über DM 20,– bis DM 30,–/S 161,– bis S 240,–
●●●● Preisgruppe über DM 30,– bis DM 50,–/S 241,– bis S 400,–
●●●●● Preisgruppe über DM 50,–/S 401,–
*(unverbindliche Preisempfehlung)

Die Preise entsprechen dem Status beim Druck dieses Verzeichnisses (s. Seite 1) – Änderungen, im besonderen der Preise, vorbehalten –

Kreatives Bilderweben
Materialien – Vorlagen – Motive
(0814) Von A. Schulte-Huxel, 32 S., 58 Farbfotos, 8 Zeichnungen, Pappband. ●

Hobby Applikationen
Materialien · Techniken · Modelle.
(0899) Von H. Probst-Reinhardt, 80 S., 92 Farbfotos, 31 Zeichnungen, kart. ●●

Flechten
mit Bast, Stroh und Peddigrohr. (5098) Von H. Hangleiter, 64 S., 47 Farbfotos, 76 Zeichnungen, Pappband. ●●

Falken-Handbuch
Nähen
Abc der Nähtechniken und kreative Modellschneiderei in ausführlichen Schritt-für-Schritt-Bildfolgen. (4272) Von A. Bree, 320 S., 1142 Abbildungen, Schnittmusterbogen für alle Modelle, Pappband. ●●●●

Falken-Handbuch
Häkeln
ABC der Häkeltechniken und Häkelmuster in ausführlichen Schritt-für-Schritt-Bildfolgen. (4194) Von H. Fuchs, M. Natter, 288 S., 597 Farbfotos, 476 farbige Zeichnungen. Pappband. ●●●●

Häkeln
Schritt für Schritt für Rechts- und Linkshänder. (5134) Von H. Klaus, 64 S., 120 Farbfotos, 144 Zeichnungen, Pappband. ●●

Monogrammstickerei
Mit Vorlagen für Initialen, Vignetten und Ornamente. (5148) Von H. Fuchs, 64 S., 50 Farbfotos, 50 Zeichnungen, Pappband. ●●

Falken-Handbuch
Stricken
ABC der Stricktechniken und Strickmuster in ausführlichen Schritt-für-Schritt-Bildfolgen. (4137) Von M. Natter, 312 S., 106 Farb- und 922 s/w-Fotos, 318 Zeichnungen, Pappband. ●●●●

Das moderne Standardwerk von der Expertin
Perfekt Stricken
Mit Sonderteil Häkeln. (4250) Von H. Jaacks, 256 S., 703 Farbfotos, 169 Farb- und 121 s/w-Zeichnungen, Pappband. ●●●

Videokassette Stricken
(6007) VHS. Von P. Krolikowski-Habicht, H. Jaacks, 51 Min., in Farbe. ●●●●*

Stricken
Schritt für Schritt für Rechts- und Linkshänder. (5142) Von S. Oelwein-Schefczik, 64 S., 148 Farbfotos, 173 Zeichnungen, Pappband. ●●

Die schönsten Handarbeiten zum Verschenken
(4225) Von B. Wenzelburger, 128 S., 156 Farbfotos, 70 zweifarbige Zeichnungen, Pappband. ●●●●

Kuscheltiere stricken und häkeln
Arbeitsanleitungen und Modelle. (0734) Von B. Wehrle, 32 S., 60 Farbfotos, 28 Zeichnungen, Spiralbindung. ●

Hobby Patchwork und Quilten
(0768) Von B. Staub-Wachsmuth, 80 S., 108 Farbabb., 43 Zeichnungen, kart. ●●

Hobby Spitzencollagen
Bezaubernde Motive aus edlem Material. (0847) Von H. Westphal, 80 S., 186 Farbfotos, kart. ●●

Textiles Gestalten
Weben, Knüpfen, Batiken, Sticken, Objekte und Strukturen. (5123) Von J. Fricke, 136 S., 67 Farb- und 189 s/w-Fotos, 15 Zeichnungen, kart. ●●

Gestalten mit Glasperlen
fädeln · sticken · weben (0640) Von A. Köhler, 32 S., 55 Farbfotos, Spiralbindung. ●

Schmuck, Accessoires und Dekoratives
aus Fimo modelliert. (0873) Von A. Aurich, 32 S., 54 Farbfotos, Pappband. ●

Exklusiver Modeschmuck
aus dem eigenen Atelier
(0925) Von J. Niemeier, J. Klein, 80 S., 141 Farbfotos, 25 Zeichnungen, kart. ●●

Neue zauberhafte Salzteig-Ideen
(0719) Von !. Kiskalt, 80 S., 324 Farbfotos, 12 Zeichnungen, kart. ●●

Hobby Salzteig
(0662) Von I. Kiskalt, 80 S., 150 Farbfotos, 5 Zeichnungen, Schablonen, kart. ●●

Gestalten mit Salzteig
formen · bemalen · lackieren. (0613) Von W.-U. Cropp, 32 S., 56 Farbfotos, 17 Zeichnungen, Pappband. ●

Originell und dekorativ
Salzteig mit Naturmaterialien
(0833) Von A. und H. Wegener, 80 S., 166 Farbfotos, kart. ●●

Buntbemalte Kunstwerke aus Salzteig
Figuren, Landschaften und Wandbilder. (5141) Von G. Belli, 64 S., 165 Farbfotos, 1 Zeichnung, Pappband. ●●

Kreatives Gestalten mit Salzteig
Originelle Motive für Fortgeschrittene. (0769) Hrsg. I. Kiskalt, 80 S., 168 Farbfotos, kart. ●●

Videokassette Salzteig
(6010) VHS. Von I. Kiskalt, Dr. A. Teuchert, in Farbe, ca. 35 Min. ●●●●●*

Tiffany-Spiegel selbermachen
Materialien · Arbeitsanleitung · Vorlagen. (0761) Von R. Thomas, 32 S., 53 Farbfotos, Pappband. ●

Tiffany-Schmuck selbermachen
Materialien · Arbeitsanleitungen · Modelle. (0871) Von B. Poludniak, H. W. Scheib, 32 S., 54 Farbfotos, 3 Zeichnungen, Pappband. ●

Tiffany-Lampen selbermachen
Arbeitsanleitung · Materialien · Modelle. (0684) Von I. Spliethoff, 32 S., 60 Farbfotos, Pappband. ●

Hobby Glaskunst in Tiffany-Technik
(0781) Von N. Köppel, 80 S., 194 Farbfotos, 6 s/w-Abb., kart., ●●

Altes Brauchtum neu endeckt
Schmuck-Eier
Kunstvoll gestalten und verzieren. (0919) Von I. Kiskalt, 32 S., 45 Farbfotos, 3 s/w-Zeichnungen, Pappband. ●

Origami –
Die Kunst des Papierfaltens. (0280) Von R. Harbin, 160 S., 633 Zeichnungen, kart. ●

Hobby Origami
Papierfalten für groß und klein.
(0756) Von Z. Aytüre-Scheele, 88 S., über 800 Farbfotos, kart. ●●

Neue zauberhafte Origami-Ideen
Papierfalten für groß und klein.
(0805) Von Z. Aytüre-Scheele, 80 S., 720 Farbfotos, kart. ●●

Weihnachtsbasteleien
(0667) Von M. Kühnle und S. Beck, 32 S., 56 Farbfotos, 6 Zeichnungen, Pappband. ●

Alle Jahre wieder…
Avent und Weihnachten
Basteln – Backen – Schmücken – Singen – Vorlesen – Feiern.
(4260) Von H. und Y. Nadolny, 256 S., 105 Farbfotos, 130 Zeichnungen, Pappband. ●●●

Bastelspaß mit der Laubsäge
Mit Schnittmusterbogen für viele Modelle in Originalgröße. (0741) Von L. Giesche, M. Bausch, 32 S., 61 Farbfotos, 7 Zeichnungen, Schnittmusterbogen, Pappband. ●

Strohschmuck selbstgebastelt
Sterne, Figuren und andere Dekorationen (0740) Von E. Rombach, 32 S., 60 Farbfotos, 17 Zeichnungen, Pappband. ●

Das Herbarium
Pflanzen sammeln, bestimmen und pressen. (5113) Von I. Gabriel, 96 S., 140 Farbfotos, Pappband. ●●

Gestalten mit Naturmaterialien
Zweige, Kerne, Federn, Muscheln und anderes. (5128) Von I. Krohn, 64 S., 101 Farbfotos, 11 farbige Zeichnungen, Pappband. ●●

Blütenbilder aus Blumen und Blättern
Phantasievolle Naturcollagen.
(0872) Von G. Schamp, 32 S., 57 Farbfotos, 1 Zeichnung, Pappband. ●

Dauergestecke
mit Zweigen, Trocken- und Schnittblumen. (5121) Von G. Vocke, 64 S., 57 Farbfotos, Pappband. ●●

Ikebana
Einführung in die japanische Kunst des Blumensteckens. (0548) Von G. Vocke, 152 S., 47 Farbfotos, kart. ●●

Hobby Trockenblumen
Gewürzsträuße, Gestecke, Kränze, Buketts. (0643) Von R. Strobel-Schulze, 88 S., 170 Farbfotos, kart. ●●

Hobby Gewürzsträuße
und zauberhafte Gebinde nach Salzburger Art. (0726) Von A. Ott, 80 S., 101 Farbfotos, 51 farbige Zeichnungen, kart. ●●

Trockenblumen und Gewürzsträuße
(5084) Von G. Vocke, 64 S., 63 Farbfotos, Pappband. ●●

Töpfern
als Kunst und Hobby. (4073) Von J. Fricke, 132 S., 37 Farbfotos, 222 s/w-Fotos, Pappband. ●●●●

Kreatives Gestalten mit Ton
Töpfern ohne Scheibe – Aufbaukeramik
(0896) Von A. Riedinger, 80 S., 207 Farbfotos, 16 Zeichnungen, 7 Vignetten, kart. ●●

Schöne Sachen modellieren
Originelles aus Cernit – ideenreich gestaltet. (0762) Von G. Thelen, 32 S., 105 Farbfotos, Pappband. ●

Porzellanpuppen
Zauberhafte alte Puppen selbst nachbilden. (5138) Von C. A. und D. Stanton, 64 S., 58 Farbfotos, 22 Zeichnungen, Pappband. ●●

Zauberhafte alte Puppen
Sammeln · Restaurieren · Nachbilden
(4255) Von C. A. Stanton, J. Jacobs, 120 S., 157 Farbfotos, 24 Zeichnungen, Pappband. ●●●●

Die hier vorgestellten Bücher, Videokassetten und Software sind in folgende Preisgruppen unterteilt:

● Preisgruppe bis DM 10,–/S 79,–
●● Preisgruppe über DM 10,– bis DM 20,– S 80,– bis S 160,–
●●● Preisgruppe über DM 20,– bis DM 30,– S 161,– bis S 240,–
●●●● Preisgruppe über DM 30,– bis DM 50,– S 241,– bis S 400,–
●●●●● Preisgruppe über DM 50,–/S 401,–
*(unverbindliche Preisempfehlung)

Die Preise entsprechen dem Status beim Druck dieses Verzeichnisses (s. Seite 1) – Änderungen, im besonderen der Preise, vorbehalten –

FALKEN

Falken-Verlag GmbH · Postfach 1120 D-6272 Niedernhausen/Ts. · Tel.: 06127/7020

Stoffpuppen
Liebenswerte Modelle selbermachen. (5150) Von I. Wolff, 56 S., 115 Farbfotos, 15 Zeichnungen, mit Schnittmusterbogen, Pappband. ●●

Hobby Puppen
Bezaubernde Modelle selbst gestalten. (0742) Von B. Wenzelburger, 88 S., 163 Farbfotos, 41 Zeichnungen, 11 Schnittmuster, kart. ●●

Selbstgestrickte Puppen
Materialien und Arbeitsanleitungen. (0638) Von B. Wehrle, 32 S., 21 Farbfotos, 24 Zeichnungen, Pappband. ●

Dekorative Rupfenpuppen
Arbeitsanleitungen und Gestaltungsvorschläge. (0733) Von B. Wenzelburger, 32 S., 57 Farbfotos, 14 Zeichnungen, Spiralbindung. ●

Phantasiepuppen stricken und häkeln
Märchenhafte Modelle mit Arbeitsanleitungen. (0813) Von B. Wehrle, 32 S., 26 Farbfotos, 30 einfarbige und 16 dreifarbige Zeichnungen, Pappband. ●

Heißgeliebte Teddybären
Selbermachen · Sammeln · Restaurieren. (0900) Von H. Nadolny, Y. Thalheim, 80 S., 119 Farbfotos, 23 s/w-Zeichnungen, 14 S. Schnittmusterbogen, kart. ●●

Schritt für Schritt zum Scherenschnitt
Materialien · Techniken · Gestaltungsvorschläge. (0732) Von H. Klingmüller, 32 S., 38 Farbfotos, 34 Vorlagen, Pappband. ●

Hobby Drachen
bauen und steigen lassen. (0767) Von W. Schimmelpfennig, 80 S., 1 dreiseitige Ausklapptafel, 55 Farbfotos, 139 Zeichnungen, kart. ●●

Ferngelenkte Motorflugmodelle
bauen und fliegen. (0400) Von W. Thies, 184 S., mit Zeichnungen und Detailplänen, kart. ●●

Flugmodelle
bauen und einfliegen. (0361) Von W. Thies und W. Rolf, 160 S., 63 Abb., 7 Faltpläne, kart. ●●

Kleine Welt auf Rädern
Das faszinierende Spiel mit **Modelleisenbahnen** (4175) Von F. Eisen, 256 S., 72 Farb- und 180 s/w-Fotos, 25 Zeichnungen, Pappband. ●●●

Anlagenbau in Modultechnik
für Modelleisenbahnen und Dioramen. (0845) Von J. Thal, 104 S., 68 Farbfotos, 28 Zeichnungen, kart. ●●●

Videokassette
Die Modelleisenbahn
Anlagenbau in Modultechnik. Neue kreative Gestaltung. Neue raffinierte Techniken. (6028) VHS, von J. Grahn, 30 Min., in Farbe, ●●●●*

Schiffsmodelle
selber bauen. (0500) Von D. und R. Lochner, 200 S., 93 Zeichnungen, 2 Faltpläne, kart. ●●

Ferngelenkte Segelflugmodelle
bauen und fliegen. (0446) Von W. Thies, 176 S., 22 s/w-Fotos, 115 Zeichnungen, kart. ●●

Garagentore selbst bemalt
Techniken und Motive. (0786) Von H. und Y. Nadolny, 32 S., 24 Farbfotos, 12 s/w-Zeichnungen, Pappband. ●

Falken Handbuch
Heimwerken
Reparieren und Selbermachen im Haus und Wohnung - über 1100 Farbfotos. Praktische Tips vom Profi: Selbermachen, Reparieren, Renovieren, Kostensparen. (4117) Von Th. Pochert, 440 S., 1103 Farbfotos, 100 ein- und zweifarbige Abb., Pappband. ●●●●

Falken-Heimwerker-Praxis
Tapezieren
(0743) Von W. Nitschke, 112 S., 186 Farbfotos, 9 Zeichnungen, kart. ●●

Falken-Heimwerker-Praxis
Anstreichen und Lackieren
(0771) Von P. Müller, 120 S., 186 Farbfotos, 2 s/w Fotos, 3 Zeichnungen, kart. ●●

Falken-Heimwerker-Praxis
Fahrrad-Reparaturen
(0796) Von R. van der Plas, 112 S., 140 Farbfotos, 113 farbige Zeichnungen, kart. ●●

Falken-Heimwerker-Praxis
Kleinmöbel aus Holz
(0905) Von O. Maier, 128 S., 210 Farbfotos, 80 Zeichnungen, kart. ●●

Restaurieren von Möbeln
Stilkunde, Materialien, Techniken, Arbeitsanleitungen in Bildfolgen. (4120) Von E. Schnaus-Lorey, 152 S., 37 Farbfotos, 75 s/w Fotos, 352 Zeichnungen, Pappband. ●●●●

Möbel aufarbeiten, reparieren und pflegen
(0386) Von E. Schnaus-Lorey, 96 S., 28 Fotos, 101 Zeichnungen, kart. ●

Feuerzeichen behaglicher Wohnkultur
Kachelöfen, Kamine und Kaminöfen
(4288) Hrsg. von C. Berninghaus. Von R. Heinen, G. Kosicek, H. P. Sabborrosch, 168 S., 291 Farbfotos, 2 s/w-Fotos, 8 Zeichnungen, Pappband. ●●●●●

Moderne Fotopraxis
(4401) Von G. Koshofer, Prof. H. Wedewardt, 224 S., 363 Farbfotos, 106 s/w-Fotos, 5 Farb- und 24 s/w-Zeichnungen, Pappband. ●●●

Aktfotografie
Interpretationen zu einem unerschöpflichen Thema. Gestaltung · Technik · Spezialeffekte. (0737) Von H. Wedewardt, 88 S., 144 Farb- und 6 s/w-Fotos, 6 Zeichnungen, kart. ●●

Videokassette
Aktfotografie
(6001) VHS, Laufzeit ca. 60 Min. in Farbe. ●●●●●*

So macht man bessere Fotos
Das meistverkaufte Fotobuch der Welt. (0614) Von M. L. Taylor, 192 S., 457 Farbfotos, 15 Abb., kart. ●●

Schmalfilmen
Ausrüstung · Aufnahmepraxis · Schnitt · Ton. (0342) Von U. Ney, 108 S., 4 Farbtafeln, 25 s/w-Fotos, kart. ●

Schmalfilme selbst vertonen
(0593) Von U. Ney, 96 S., 57 s/w-Fotos, 14 Zeichnungen, kart. ●

Videografieren
Filmen mit Video 8. Technik – Bildgestaltung – Schnitt – Vertonung. (0843) Von M. Wild, K. Möller, 120 S., 101 Farbfotos, 22 s/w-Fotos, 52 Zeichnungen, kart. ●●

Videokassette
Videografieren
Filmen mit Video 8. Technik – Bildgestaltung – Schnitt – Vertonung. (6031) VHS, (6033) Beta, (6034) Sony 8 mm, von M. Wild, 60 Min., in Farbe. ●●●●●*

Mit vollem Genuß
Pfeife rauchen
Alles über Tabaksorten, Pfeifen und Zubehör. (4227) Von H. Behrens, H. Frickert, 168 S., 127 Farbfotos, 18 Zeichnungen, Pappband. ●●●●

Die Fazination der Philatelie
Briefmarken sammeln
(4273) Von D. Stein, 212 S., 124 s/w-Fotos, 24 Farbtafeln, Pappband. ●●●

Briefmarken
sammeln für Anfänger. (0481) Von D. Stein. 120 S., 4 Farbtafeln, 98 s/w-Abb., kart. ●

Münzen
Ein Brevier für Sammler. (0353) Von E. Dehnke, 128 S., 4 Farbtafeln, 17 s/w-Abb., kart. ●●

Astronomie als Hobby
Sternbilder und Planeten erkennen und benennen. (0572) Von D. Block, 176 S., 16 Farbtafeln, 49 s/w-Fotos, 93 Zeichnungen, kart. ●●

Astronomie im Bild
Unser Sternenhimmel rund ums Jahr
(0849) Von Dr. E. Übelacker, 88 S., 48 Farbfotos, 1 s/w-Foto, 68 Farbzeichnungen, kart. ●●

Freizeit mit dem Mikroskop
(0291) Von M. Deckart, 132 S., 8 Farbtafeln, 64 s/w-Abb., 2 Zeichnungen, kart. ●

Gitarre spielen
Ein Grundkurs für den Selbstunterricht. (0534) Von A. Roßmann, 96 S., 1 Schallfolie, 150 Zeichnungen, kart. ●●●

Komm mit ins Land der Lieder
Das große Buch der Kinder-, Volks- und Chorlieder. (4261) Hrsg. von H. Rauhe, 176 S., 146 Farbzeichnungen, Pappband. ●●●

Die schönsten Wander- und Fahrtenlieder
(0462) Hrsg. von F. R. Miller, empfohlen vom Deutschen Sängerbund, 80 S., mit Noten und Zeichnungen, kart. ●

Die schönsten Volkslieder
(0432) Hrsg. von D. Walther, 128 S., mit Noten und Zeichnungen, kart. ●

Technik

Dampflokomotiven
(4204) Von W. Jopp, 96 S., 134 Farbfotos, Pappband. ●●●

Die Super-Eisenbahnen der Welt
(4287) Von W. Kosak, H. G. Isenberg, 224 S., 269 Farbfotos, 79 s/w-Fotos, 8 Vignetten, 5 farb. Ausklapptafeln, Pappband. ●●●●

Zivilflugzeuge
Vom Kleinflugzeug zum Überschall-Jet (4218) Von R. J. Höhn, H. G. Isenberg, 96 S., 115 Farbfotos, Pappband. ●●●

Trucks
Giganten der Landstraßen in aller Welt. (4222) Von H. G. Isenberg, 96 S., 131 Farbfotos, Pappband. ●●●

Die Super-Trucks der Welt
(4257) Von H. G. Isenberg, 194 S., 205 Farbfotos, 87 s/w-Fotos, 7 Farbzeichnungen, 4 Ausklapptafeln, Pappband. ●●●●

Die hier vorgestellten Bücher, Videokassetten und Software sind in folgende Preisgruppen unterteilt:

- ● Preisgruppe bis DM 10,–/S 79,–
- ●● Preisgruppe über DM 10,– bis DM 20,– S 80,– bis S 160,–
- ●●● Preisgruppe über DM 20,– bis DM 30,– S 161,– bis S 240,–
- ●●●● Preisgruppe über DM 30,– bis DM 50,– S 241,– bis S 400,–
- ●●●●● Preisgruppe über DM 50,–/S 401,–

*(unverbindliche Preisempfehlung)

Die Preise entsprechen dem Status beim Druck dieses Verzeichnisses (s. Seite 1) – Änderungen, im besonderen der Preise, vorbehalten –

FALKEN

Die Super-Motorräder der Welt
(4193) Von H. G. Isenberg, 192 S., 170 Farb- und 100 s/w-Fotos, 8 Zeichnungen, Pappband. ●●●●

Motorrad-Hits
Chopper, Tribikes, Heiße Öfen. (4221) Von H. G. Isenberg, 96 S., 119 Farbfotos, Pappband. ●●●

Motorrad-Faszination
Heiße Öfen, von denen jeder träumt. (4223) Von H. G. Isenberg, 96 S., 103 Farb- und 20 s/w-Fotos, Pappband. ●●●

Sport und Fitneß

ZDF Sportjahr '87
Rekorde, Siege, Schicksale, Ergebnisse, Termine '88
(4290) Hrsg. von B. Heller, 192 S., 275 Farb- und 4 s/w-Fotos, kart. ●●

Neue Lehrmethoden der Judo-Praxis
(0424) Von P. Herrmann, 223 S., 475 Abb., kart. ●●

Judo
Grundlagen – Methodik. (0305) Von M. Ohgo, 208 S., 1025 Fotos, kart. ●●

Fußwürfe
für Judo, Karate und Selbstverteidigung. (0439) Von H. Nishioka, 96 S., 260 Abb., kart. ●

Modernes Karate
Das große Standardwerk mit 2229 Abbildungen. (4280) Von T. Okazaki, Dr. med. M. V. Stricevic, übers. von M. Pabst, 376 S., 2279 Abbildungen, Pappband. ●●●●●

Karate für alle
Karate-Selbstverteidigung in Bildern. (0314) Von A. Pflüger, 112 S., 356 s/w-Fotos, kart. ●

Nakayamas Karate perfekt 1
Einführung. (0487) Von M. Nakayama, 136 S., 605 s/w-Fotos, kart. ●●

Nakayamas Karate perfekt 2
Grundtechniken. (0512) Von M. Nakayama, 136 S., 354 s/w-Fotos, 53 Zeichnungen, kart. ●●

Nakayamas Karate perfekt 3
Kumite 1: Kampfübungen. (0538) Von M. Nakayama, 128 S., 424 s/w-Fotos, kart. ●●

Nakayamas Karate perfekt 4
Kumite 2: Kampfübungen. (0547) Von M. Nakayama, 128 S., 394 s/w-Fotos, kart. ●●

Nakayamas Karate perfekt 5
Kata 1: Heian, Tekki. (0571) Von M. Nakayama, 144 S., 1229 s/w-Fotos, kart. ●●

Nakayamas Karate perfekt 6
Kata 2: Bassai-Dai, Kanku-Dai, (0600) Von M. Nakayama, 144 S., 1300 s/w-Fotos, 107 Zeichnungen, kart. ●●

Nakayamas Karate perfekt 7
Kata 3: Jitte, Hangetsu, Empi. (0618) Von M. Nakayama, 144 S., 1988 s/w-Fotos, 105 Zeichnungen, kart. ●●

Nakayamas Karate perfekt 8
Gankaku, Jion. (0650) Von M. Nakayama, 144 S., 1174 s/w-Fotos, 99 Zeichungen, kart. ●●

Kontakt-Karate
Ausrüstung · Technik · Training. (0396) Von A. Pflüger, 112 S., 238 s/w-Fotos, kart. ●●

Karate-Do
Das Handbuch des modernen Karate. (4028) Von A. Pflüger, 360 S., 1159 Abb., Pappband. ●●●●

Bo-Karate
Kukishin-Ryu – die Techniken des Stockkampfes. (0447) Von G. Stiebler, 176 S., 424 s/w-Fotos, 38 Zeichnungen, kart. ●●

Karate 1
Einführung · Grundtechniken. (0227) Von A. Pflüger, 148 S., 195 s/w-Fotos, 120 Zeichnungen, kart. ●

Karate 2
Kombinationstechniken · Katas. (0239) Von A. Pflüger, 176 S., 452 s/w-Fotos und Zeichnungen, kart. ●

Karate Kata 1
Heian 1-5, Tekki 1, Bassai Dai. (0683) Von W.-D. Wichmann, 164 S., 703 s/w-Fotos, kart. ●●

Karate Kata 2
Jion, Empi, Kanku-Dai, Hangetsu. (0723) Von W.-D. Wichmann, 140 S., 661 s/ w-Fotos, 4 Zeichnungen, kart. ●●

25 Shotokan-Katas
Auf einen Blick: Karate-Katas für Prüfungen und Wettkämpfe. (0859) Von A. Pflüger, 88 S., 185 s/w-Abbildungen, 26 ganzseitige Tafeln mit über 1.600 Einzelschritten, kart. ●●

Videokassette
Karate
Einführung und Grundtechniken. (6037) VHS, Von A. Pflüger, ca. 45 Min., in Farbe, ●●●●●*

Ninja 1
Die Lehre der Schattenkämpfer. (0758) Von S. K. Hayes, 144 S., 137 s/w-Fotos, kart. ●●

Ninja 2
Die Wege zum Shoshin (0763) Von S. K. Hayes, 160 S., 309 s/w-Fotos, kart. ●●

Ninja 3
Der Pfad des Togakure-Kämpfers. (0764) Von S. K. Hayes, 144 S., 197 s/w-Fotos, 2 Zeichnungen, kart. ●●

Ninja 4
Das Vermächtnis der Schattenkämpfer. (0807) Von S. K. Hayes, 196 S., 466 s/w-Fotos, kart. ●●

Der König des Kung-Fu
Bruce Lee
Sein Leben und Kampf. (0392) Von L. Lee, 136 S., 104 s/w-Fotos, kart. ●●

Bruce Lees Kampfstil 1
Grundtechniken. (0473) Von B. Lee, M. Uyehara, 109 S., 220 Abb., kart. ●

Bruce Lees Kampfstil 2
Selbstverteidigungs-Techniken. (0486) Von B. Lee, M. Uyehara, 128 S., 310 Abb., kart. ●

Bruce Lees Kampfstil 3
Trainingslehre. (0503) Von B. Lee, M. Uyehara, 112 S., 246 Abb., kart. ●

Bruce Lees Kampfstil 4
Kampftechniken. (0523) Von B. Lee, M. Uyehara, 104 S., 211 Abb., kart. ●

Bruce Lees Jeet Kune Do
(0440) Von B. Lee, 192 S., mit 105 eigenhändigen Zeichnungen von B. Lee, kart. ●●

Ju-Jutsu 1
Grundtechniken – Moderne Selbstverteidigung. (0276) Von W. Heim, F. J. Gresch, 164 S., 450 s/w-Fotos, 8 Zeichnungen, kart. ●

Ju-Jutsu 2
für Fortgeschrittene und Meister. (0378) Von W. Heim, F. J. Gresch, 160 S., 798 s/w- Fotos, kart. ●●

Ju-Jutsu 3
Spezial-, Gegen- und Weiterführungs-Techniken. (0485) Von W. Heim, F. J. Gresch, 200 S., über 600 s/w-Fotos, kart. ●●

Ju-Jutsu als Wettkampf
(0826) Von G. Kulot, 168 S., 418 s/w-Fotos, 2 Zeichnungen, kart. ●●

Nunchaku
Waffe · Sport · Selbstverteidigung. (0373) Von A. Pflüger, 144 S., 247 Abb., kart. ●●

Shuriken · Tonfa · Sai
Stockfechten und andere bewaffnete Kampfsportarten aus Fernost. (0397) Von A. Schulz, 96 S., 253 s/w-Fotos, kart. ●●

Illustriertes Handbuch des Taekwondo
Koreanische Kampfkunst und Selbstverteidigung. (4053) Von K. Gil, 248 S., 1026 Abb., Pappband. ●●●

Taekwon-Do
Koreanischer Kampfsport. (0347) Von K. Gil, 152 S., 408 Abb., kart. ●●

Taekwondo perfekt 1
Die Formenschule bis zum Blaugurt. (0890) Von K. Gil, Kim Chul-Hwan, 176 S., 439 s/w-Fotos, 107 Zeichnungen, kart. ●●

Aikido
Lehren und Techniken des harmonischen Weges. (0537) Von R. Brand, 280 S., 697 Abb., kart. ●●

Kung-Fu und Tai-Chi
Grundlagen und Bewegungsabläufe. (0367) Von B. Tegner, 182 S., 370 s/w-Fotos, kart. ●●

Kung-Fu
Theorie und Praxis klassischer und moderner Stile. (0376) Von M. Pabst, 160 S., 330 Abb., kart. ●●

Shaolin-Kempo – Kung-Fu
Chinesisches Karate im Drachenstil. (0395) Von R. Czerni, K. Konrad. 246 S., 723 Abb., kart. ●●

Hap Ki Do
Grundlagen und Techniken koreanischer Selbstverteidigung. (0379) Von Kim Sou Bong, 112 S., 153 Abb., kart. ●●

Dynamische Tritte
Grundlagen für den Zweikampf. (0438) Von C. Lee, 96 S., 398 s/w-Fotos, 10 Zeichnungen, kart. ●

Kickboxen
Fitneßtraining und Wettkampfsport. (0795) Von G. Lemmens, 96 S., 208 s/w-Fotos, 23 Zeichnungen, kart. ●●

Selbstverteidigung
Abwehrtechniken für Sie und Ihn (0853) Von E. Deser, 96 S., 259 s/w-Fotos, kart. ●

Muskeltraining mit Hanteln
Leistungssteigerung für Sport und Fitness. (0676) Von H. Schulz, 108 S., 92 s/w-Fotos, 2 Zeichnungen, kart. ●

Leistungsfähiger durch Krafttraining
Eine Anleitung für Fitness-Sportler, Trainer und Athleten (0617) Von W. Kieser, 100 S., 20 s/w-Fotos, 62 Zeichnungen, kart. ●

Die Faszination athletischer Körper
Bodybuilding
mit Weltmeister Ralf Möller. (4281) Von R. Möller, 128 S., 169 Farbfotos, 14 s/w-Fotos, 1 Farbzeichnung, Pappband. ●●●●

Die hier vorgestellten Bücher, Videokassetten und Software sind in folgende Preisgruppen unterteilt:

● Preisgruppe bis DM 10,–/S 79,–
●● Preisgruppe über DM 10,– bis DM 20,– S 80,– bis S 160,–
●●● Preisgruppe über DM 20,– bis DM 30,– S 161,– bis S 240,–
●●●● Preisgruppe über DM 30,– bis DM 50,– S 241,– bis S 400,–
●●●●● Preisgruppe über DM 50,–/S 401,–
*(unverbindliche Preisempfehlung)

Die Preise entsprechen dem Status beim Druck dieses Verzeichnisses (s. Seite 1) – Änderungen, im besonderen der Preise, vorbehalten –

FALKEN

Falken-Verlag GmbH · Postfach 1120 D-6272 Niedernhausen/Ts. · Tel.: 06127/7020

Bodybuilding
Anleitung zum Muskel- und Konditionstraining für sie und ihn. (0604) Von R. Smolana. 160 S., 171 s/w-Fotos, kart. ●

Hanteltraining zu Hause
(0800) Von W. Kieser, 80 S., 71 s/w-Fotos, 4 Zeichnungen, kart. ●

Fit und gesund
Körpertraining und Bodybuilding zu Hause. (0782) Von H. Schulz, 80 S., 100 Farbfotos, 3 Zeichnungen, kart. ●●

Videokassette
Fit und gesund
(6013) VHS, Laufzeit 30 Minuten, in Farbe. ●●●●*

Bodybuilding für Frauen
Wege zu Ihrer Idealfigur (0661) Von H. Schulz, 108 S., 84 s/w-Fotos, 4 Zeichnungen, kart. ●●

Bodyshaping · Bodybuilding
Mit Anja Albrecht zur Idealfigur. (4405) Von A. Albrecht, 128 S., 164 Farbfotos, 4 s/w-Fotos, 1 Farb- und 1 s/w-Zeichnung, Pappband. ●●●●

Optimale Ernährung
für Krafttraining und Budybuilding. (0912) Von B. Dahmen, 88 S., 8 Farbtafeln, 8 Zeichnungen, kart. ●

Top-Form im Sport
Ernährungs-Training
Das Erfolgsprogramm für den Ausdauersportler. (0945) Von M. Inzinger, Dipl.-Oec. troph. G. Wagner, 160 S., 31 Farbzeichnungen, 16 Grafiken, kart. ●●

Gesund und leistungsfähig durch
Konditionsübungen, Fitneßtraining, Wirbelsäulengymnastik
(0844) Von R. Milser, K. Grafe, 104 S., 99 Farbfotos, 12 Farbzeichnungen, 5 s/w-Zeichnungen, kart. ●●

Stretching
Mit Dehnungsgymnastik zu Entspannung. Geschmeidigkeit und Wohlbefinden. (0717) Von H. Schulz, 80 S. 90 s/w-Fotos, kart. ●

Isometrisches Training
Übungen für Muskelkraft und Entspannung. (0529) Von L. M. Kirsch, 140 S., 162 s/w-Fotos, kart. ●

Gesund und fit durch Gymnastik
(0366) Von H. Pilss-Samek, 132 S., 150 Abb., kart. ●

Spaß am Laufen
Jogging für die Gesundheit. (0470) Von W. Sonntag, 140 S., 41 s/w-Fotos, 1 Zeichnung, kart. ●

Mein bester Freund, der Fußball
(5107) Von D. Brüggemann, D. Albrecht, 144 S., 171 Abb., kart. ●●

Fußball
Training und Wettkampf. (0448) Von H. Obermann, P. Walz, 166 S., 92 s/w-Fotos, 15 Zeichnungen, 29 Diagramme, kart. ●●

Handball
Technik · Taktik · Regeln. (0426) Von F. und P. Hattig, 128 S., 91 s/w-Fotos, 121 Zeichnungen, kart. ●●

Volleyball
Technik · Taktik · Regeln. (0351) Von H. Huhle, 104 S., 330 Abb., kart. ●

Badminton
Technik · Taktik · Training. (0699) Von K. Fuchs, L. Sologub, 168 S., 51 Abb., kart., ●●

Die neue Tennis-Praxis
Der individuelle Weg zu erfolgreichem Spiel. (4097) Von R. Schönborn, 240 S., 202 Farbzeichnungen, 31 s/w-Abb., Pappband. ●●●●

Erfolgreiche Tennis-Taktik
(4086) Von R. Ford Greene, übersetzt von M. R. Fischer, 182 S., 87 Abb., kart. ●●

Moderne Tennistechnik
(4187) Von G. Lam, 192 S., 339 s/w-Fotos, 91 Zeichnungen, kart. ●●●

Tennis
Technik · Taktik · Regeln. (0375) Von H. Elschenbroich, 112 S., 81 Abb., kart. ●

Tischtennis-Technik
Der individuelle Weg zu erfolgreichem Spiel. (0775) Von M. Perger, 144 S., 296 Abb. kart. ●●

Squash
Ausrüstung · Technik · Regeln. (0539) Von D. von Horn, H.-D. Stünitz, 96 S., 55 s/w-Fotos, 25 Zeichnungen, kart. ●

Golf
Ausrüstung · Technik · Regeln. (0343) Von J. C. Jessop, übersetzt von H. Biemer, mit einem Vorwort von H. Krings, Präsident des Deutschen Golf-Verbandes, 160 S., 65 Abb., Anhang Golfregeln des DGV, kart. ●●

Pool-Billard
(0484) Herausgegeben vom Deutschen Pool- Billard-Bund, von M. Bach, K.-W. Kühn, 104 S., mit über 64 Abb., kart. ●

Sportschießen
für jedermann. (0502) Von A. Kovacic, 124 S., 116 s/w-Fotos, kart. ●●

Fechten
Florett · Degen · Säbel. (0449) Von E. Beck, 88 S., 185 Fotos, 10 Zeichnungen, kart. ●●

Wir lernen tanzen
Standard- und lateinamerikanische Tänze. (0200) Von E. Fern, 168 S., 118 s/w-Fotos, 47 Zeichnungen, kart. ●

So tanzt man Rock'n'Roll
Grundschritte · Figuren · Akrobatik. (0573) Von W. Steuer und G. Marz, 224 S., 303 Abb., kart. ●●

Tanzen überall
Discofox, Rock'n'Roll, Blues, Langsamer Walzer, Cha-Cha-Cha zum Selberlernen. (0760) Von H. M. Pritzer, 112 S., 128 Farbfotos, kart. ●●

Anmutig und fit durch
Bauchtanz
(0911) Von Marta, 120 S., 229 Farbfotos, 6 s/w-Zeichnungen, kart. ●●

Fit mit **Stretching**
(2304) Von B. Kurz, 96 S., 255 Farbfotos, kart. ●●

Fit mit **Tai Chi**
als sanfte Körpererfahrung
(2305) Von B. u. K. Moegling, 112 S., 121 Farbfotos, 6 Farb- u. 4 s/w-Zeichnungen, kart. ●●

Fit mit **Volleyball**
(2302) Von Dr. A. Scherer, 104 S., 27 Farb- und 1 s/w-Foto, 12 Farb- und 29 s/w-Zeichnungen, kart. ●●

Fit mit **Tanzen**
(2303) Von K. Richter, H. Kleinow, 88 S., 94 Farbfotos, kart. ●●

Fit mit **Karate**
(2308) Von A. Pflüger, 96 S., 134 Farbfotos, 4 s/w-Zeichnungen, kart. ●●

Funboard-Surfen
Material · Technik · Regatten · Internationale Reviere. (4297) Von J. Evans, 144 S., 106 Farbfotos, 9 Farbzeichnungen, 68 zweifarbige und 5 s/w-Zeichnungen, kart. ●●●

Segeln
Der neue Grundschein – Vorstufe zum A-Schein – Mit Prüfungsfragen. (5147) Von C. Schmidt, 80 S., 8 Farbtafeln, 18 Farbfotos, 82 Zeichnungen, kart., ●●

Falken-Handbuch
Angeln
in Binnengewässern und im Meer. (4090) Von H. Oppel, 344 S., 24 Farbtafeln, 66 s/w-Fotos, 151 Zeichnungen, gebunden. ●●●●

Angeln
Kleine Fibel für den Sportfischer. (0198) Von E. Bondick, 96 S., 116 Abb., kart. ●

Sportfischen
Fische – Geräte – Techniken. (0324) Von H. Oppel, 144 S., 49 s/w-Fotos, 8 Farbtafeln, kart. ●

Sporttauchen
Theorie und Praxis des Gerätetauchens. (0647) Von S. Müßig, 144 S., 8 Farbtafeln, 35 s/w-Fotos, 89 Zeichnungen, kart. ●●

Ski-Gymnastik
Fit für Piste und Loipe. (0450) Von H. Pilss-Samek, 104 S., 67 s/w-Fotos, 20 Zeichnungen, kart. ●

Alpiner Skisport
Ausrüstung · Techniken · Skigymnastik. (5130) Von K. Meßmann, 128 S., 8 Farbtafeln, 93 s/ w-Fotos, 45 Zeichnungen, kart. ●●

Skilanglauf, Skiwandern
Ausrüstung · Techniken · Skigymnastik. (5129) Von T. Reiter und R. Kerler, 80 S., 8 Farbtafeln, 85 Zeichnungen und s/w-Fotos, kart. ●●

Eishockey
Lauf- und Stocktechnik, Körperspiel, Taktik, Ausrüstung und Regeln. (0414) Von J. Čapla, 264 S., 548 s/w-Fotos, 163 Zeichnungen, kart. ●●

Fibel für Kegelfreunde
Sport- und Freizeitkegeln · Bowling. (0191) Von G. Bocsai, 72 S., 62 Abb., kart. ●

Beliebte und neue Kegelspiele
(0271) Von G. Bocsai, 92 S., 62 Abb., kart. ●

111 spannende Kegelspiele
(2031) Von H. Regulski, 88 S., 53 Zeichnungen, kart., ●

Schach

Einführung in das Schachspiel
(0104) Von W. Wollenschläger und K. Colditz, 92 S., 116 Diagramme, kart. ●

Falken-Handbuch **Schach**
(4051) Von T. Schuster, 360 S., über 340 Diagramme, gebunden. ●●●●

Spielend Schach lernen
(2002) Von T. Schuster, 128 S., kart. ●

Kinder- und Jugendschach
Offizielles Lehrbuch des Deutschen Schachbundes zur Erringung der Bauern-, Turm- und Königsdiplome. (0561) Von B. J. Withuis, H. Pfleger, 144 S., 220 Zeichnungen und Diagramme, kart. ●●

Neue Schacheröffnungen
(0478) Von T. Schuster, 108 S., 100 Diagramme, kart. ●

Die hier vorgestellten Bücher, Videokassetten und Software sind in folgende Preisgruppen unterteilt:

● Preisgruppe bis DM 10,–/S 79,–
●● Preisgruppe über DM 10,– bis DM 20,– S 80,– bis S 160,–
●●● Preisgruppe über DM 20,– bis DM 30,– S 161,– bis S 240,–
●●●● Preisgruppe über DM 30,– bis DM 50,– S 241,– bis S 400,–
●●●●● Preisgruppe über DM 50,–/S 401,–
*(unverbindliche Preisempfehlung)

Die Preise entsprechen dem Status beim Druck dieses Verzeichnisses (s. Seite 1) – Änderungen, im besonderen der Preise, vorbehalten –

Schach für Fortgeschrittene
Taktik und Probleme des Schachspiels. (0219) Von R. Teschner, 96 S., 85 Diagramme, kart. ●

Taktische Schachendspiele
(0752) Von J. Nunn, 200 S., 151 Diagramme, kart. ●●

Die Schach-Revanche
Kasparow/Karpow 1986. (0831) Von O. Borik, H. Pfleger, M. Kipp-Thomas, 144 S., 19 s/w-Fotos, 72 Diagramme, kart. ●●

Schachstrategie
Ein Intensivkurs mit Übungen und ausführlichen Lösungen. (0584) Von A. Koblenz, dt. Bearb. von K. Colditz, 212 S., 240 Diagramme, kart. ●●

Schachtraining mit den Großmeistern
(0670) Von H. Bouwmeester, 128 S., 90 Diagramme, kart. ●●

Schach als Kampf
Meine Spiele und mein Weg. (0729) Von G. Kasparow, 144 S., 95 Diagramme, 9 s/w-Fotos, kart. ●●

Helmut Pflegers
Schachkabinett
Amüsante Aufgaben – überraschende Lösungen. (0877) Von H. Pfleger, 160 S., 118 Diagramme, kart. ●●

Die besten Partien deutscher Schachgroßmeister
(4121) Von H. Pfleger, 192 S., 29 s/w-Fotos, 89 Diagramme, Pappband. ●●●

Lehr-, Übungs- und Testbuch der Schachkombinationen
(0649) Von K. Colditz, 184 S., 227 Diagramme, kart. ●●

Die hohe Schule der
Schachkombination
(0920) Von W. Golz, P. Keres, 272 S., 322 Diagramme, Pappband. ●●

Offizielles Lehrbuch des Deutschen Schachbundes
Das systematische Schachtraining
Trainingsmethoden, Strategien und Kombinationen. (0857) Von Sergiu Samarian, 152 S., 159 Diagramme, 1 Zeichnung, kart. ●●

So denkt ein Schachmeister
Strategische und taktische Analysen. (0915) Von H. Pfleger, G. Treppner, 120 S., 75 Diagramme, kart. ●●

FALKEN-SOFTWARE
Das komplette Schachprogramm
Spielen, Trainieren, Problemlösen mit dem Computer. (7006) Von J. Egger, Diskette für C 64, C 128 PC, mit Begleitheft. ●●●●●*

Zug um Zug
Schach für jedermann 1
Offizielles Lehrbuch des Deutschen Schachbundes zur Erringung des Bauerndiploms. (0648) Von H. Pfleger, E. Kurz, 80 S., 24 s/w-Fotos, 8 Zeichnungen, 60 Diagramme, kart. ●

Zug um Zug
Schach für jedermann 2
Offizielles Lehrbuch des Deutschen Schachbundes zur Erringung des Turmdiploms. (0659) Von H. Pfleger, E. Kurz, 132 S., 8 s/w-Fotos, 14 Zeichnungen, 78 Diagramme, kart. ●

Zug um Zug
Schach für jedermann 3
Offizielles Lehrbuch des Deutschen Schachbundes zur Erringung des Königdiploms. (0728) Von H. Pfleger, G. Treppner, 128 S., 4 s/w-Fotos, 84 Diagramme, 10 Zeichnungen, kart. ●

Zug um Zug
Schach für jedermann 1
(7015) Wendediskette für C 64/C 128 PC, mit Begleitheft. ●●●●*
(7005) Wendediskette für Atari ST 520/1040, mit Begleitheft. ●●●●●*

Schach mit dem Computer
(0747) Von D. Frickenschmidt, 140 S., 112 Diagramme, 29 s/w-Fotos, 5 Zeichnungen, kart. ●●

Spiele und Denksport

Kartenspiele
(2001) Von C. D. Grupp, 144 S., kart. ●

Neues Buch der siebzehn und vier Kartenspiele
(0095) Von K. Lichtwitz, 96 S., kart. ●

Alles über Pokern
Regeln und Tricks. (2024) Von C. D. Grupp, 112 S., 29 Kartenbilder, kart. ●

Rommé und Canasta
in allen Variationen. (2025) Von C. D. Grupp, 124 S., 24 Zeichnungen, kart., ●

Schafkopf, Doppelkopf, Binokel, Cego, Gaigel, Jaß, Tarock und andere „Lokalspiele".
(2015) Von C. D. Grupp, 152 S., kart. ●●

Spielend Skat lernen
unter freundlicher Mitarbeit des Deutschen Skatverbandes. (2005) Von Th. Krüger, 156 S., 181 s/w-Fotos, 22 Zeichnungen, kart. ●

Das Skatspiel
Eine Fibel für Anfänger. (0206) Von K. Lehnhoff, überarb. von P. A. Höfges, 96 S., kart. ●

Black Jack
Regeln und Strategien des Kasinospiels. (2032) Von K. Kelbratowski, 88 S., kart. ●

Falken-Handbuch **Patiencen**
Die 111 interessantesten Auslagen. (4151) Von U. v. Lyncker, 216 S., 108 Abbildungen, Pappband. ●●●

Patiencen
in Wort und Bild. (2003) Von I. Wolter, 136 S., kart. ●

Neue Patienten
(2036) Von H. Sosna, 160 S., 43 Farbtafeln, kart. ●●

Falken-Handbuch **Bridge**
Von den Grundregeln zum Turnierspiel. (4092) Von W. Voigt und K. Ritz, 280 S., 792 Zeichnungen, gebunden. ●●●●

Spielend Bridge lernen
(2012) Von J. Weiss, 108 S., 58 Zeichnungen, kart. ●

Spieltechnik im Bridge
(2004) Von V. Mollo und N. Gardener, deutsche Adaption von D. Schröder, 216 S., kart. ●●

Besser Bridge spielen
Reiztechnik, Spielverlauf und Gegenspiel. (2026) Von J. Weiss, 144 S., 60 Diagramme, kart. ●●

Herausforderung im Bridge
200 Aufgaben mit Lösungen. (2033) Von V. Mollo, 152 S., kart. ●●

Präzisions-Treff im Bridge
(2037) Von E. Jannersten, 152 S., kart. ●●

Kartentricks
(2010) Von T. A. Rosee, 80 S., 13 Zeichnungen, kart. ●

Mah-Jongg
Das chinesische Glücks-, Kombinations- und Gesellschaftsspiel. (2030) Von U. Eschenbach, 80 S., 30 s/w-Fotos, 5 Zeichnungen, kart. ●

Neue Kartentricks
(2027) Von K. Pankow, 104 S., 20 Abb., kart. ●

Backgammon
für Anfänger und Könner. (2008) Von G. W. Fink und G. Fuchs, 116 S., 41 Abb., kart. ●

Würfelspiele
für jung und alt. (2007) Von F. Pruss, 112 S., 21 s/w-Zeichnungen, kart. ●

Gesellschaftsspiele
für drinnen und draußen. (2006) Von H. Görz, 128 S., kart. ●

Spiele für Party und Familie
(2014) Von Rudi Carrell, 160 S., 50 Abb., kart. ●

Das japanische Brettspiel Go
(2020) Von W. Dörholt, 104 S., 182 Diagramme, kart. ●

Roulette richtig gespielt
Systemspiele, die Vermögen brachten. (0121) Von M. Jung, 96 S., zahlreiche Tabellen, kart. ●

Spielend Roulette lernen
(2034) Von E. P. Caspar, 152 S., 1 s/w-Foto, 45 Zeichnungen, kart. ●●

Gesellschaftsspiele
für drinnen und draußen. (2006) Von H. Görz, 128 S., kart. ●

Spiele für Party und Familie
(2014) Von Rudi Carrel, 160 S., 50 Abb. kart. ●

Neue Spiele für Ihre Party
(2022) Von G. Blechner, 120 S., 54 Zeichnungen, kart. ●

Lustige Tanzspiele und Scherztänze
für Partys und Feste. (0165) Von E. Bäulke, 80 S., 53 Abb., kart. ●

Straßenfeste, Flohmärkte und Basare
Praktische Tips für Organisation und Durchführung. (0592) Von H. Schuster, 96 S., 52 Fotos, 17 Zeichnungen, kart. ●●

Zaubertricks für jedermann
(0282) Von J. Merlin, 176 S., 113 Abb., kart. ●●

Zaubern
einfach - aber verblüffend. (2018) Von D. Bouch, 84 S., 41 Zeichnungen, kart. ●

Magische Zaubereien
(0672) Von Widenmann, 64 S., 31 Zeichnungen, kart. ●

Kinderspiele
die Spaß machen. (2009) Von H. Müller-Stein, 112 S., 28 Abb., kart. ●

Spiele für Kleinkinder
(2011) Von D. Kellermann, 80 S., 23 Abb., kart. ●

Spiel und Spaß am Krankenbett
für Kinder und die ganze Familie. (2035) Von H. Bücken, 104 S., 97 Zeichnungen, kart. ●

Die hier vorgestellten Bücher, Videokassetten und Software sind in folgende Preisgruppen unterteilt:

● Preisgruppe bis DM 10,–/S 79,–
●● Preisgruppe über DM 10,– bis DM 20,– S 80,– bis S 160,–
●●● Preisgruppe über DM 20,– bis DM 30,– S 161,– bis S 240,–
●●●● Preisgruppe über DM 30,– bis DM 50,– S 241,– bis S 400,–
●●●●● Preisgruppe über DM 50,–/S 401,–
*(unverbindliche Preisempfehlung)

Die Preise entsprechen dem Status beim Druck dieses Verzeichnisses (s. Seite 1) – Änderungen, im besonderen der Preise, vorbehalten –

FALKEN

Falken-Verlag GmbH · Postfach 1120 D-6272 Niedernhausen/Ts. · Tel.: 06127/7020

Kasperletheater
Spieltexte und Spielanleitungen · Basteltips für Theater und Puppen. (0641) Von U. Lietz, 136 S., 4 Farbtafeln, 12 s/w-Fotos, 39 Zeichnungen, kart. ●

Knobeleien und Denksport
(2019) Von K. Rechberger, 142 S., 105 Zeichnungen, kart. ●

Das Geheimnis der magischen Ringe
Alles über das Puzzle vom Würfel-Erfinder. Die schönsten Figuren.
(0878) Von Dr. Ch. Bandelow, 96 S., 198 Zeichnungen, 8 Cartoons, kart. ●

Quiz
Mehr als 1500 ernste und heitere Fragen aus allen Gebieten. (0129) Von R. Sautter und W. Pröve, 92 S., 9 Zeichnungen, kart. ●

500 Rätsel selberraten
(0681) Von E. Krüger, 272 S., kart. ●

501 Rätsel selberraten
(0711) Von E. Krüger, 272 S., kart. ●

Riesen-Kreuzwort-Rätsel-Lexikon
über 250.000 Begriffe. (4197) Von H. Schiefelbein, 1024 S., Pappband. ●●●

Das Super-Kreuzwort-Rätsel-Lexikon
Über 150.000 Begriffe. (4279) Von H. Schiefelbein, 688 S., Pappband. ●●

Guten Tag, Kinder!
Neue Texte mit Spielanleitungen fürs Kasperletheater. (0861) Von U. Lietz, 96 S., 18 s/w-Zeichnungen, kart. ●

Kindergeburtstag
Vorbereitung, Spiel und Spaß. (0287) Von Dr. I. Obrig, 136 S., 40 Abb., 11 Zeichnungen, 9 Lieder mit Noten, kart. ●

Kindergeburtstage die keiner vergißt
Planung, Gestaltung, Spielvorschläge. (0698) Von G. und G. Zimmermann, 102 S., 80 Vignetten, kart. ●

Kinderfeste
daheim und in Gruppen. (4033) Von G. Blechner, 240 S., 320 Abb., kart. ●●

Scherzfragen, Drudel und Blödeleien
gesammelt von Kindern. (0506) Hrsg. von W. Pröve, 112 S., 57 Zeichnungen, kart. ●

Humor und Unterhaltung

Heitere Vorträge und witzige Reden
Lachen, Witz und gute Laune. (0149) Von E. Müller, 104 S., 44 Abb., kart. ●

Heitere Vorträge
(0528) Von E. Müller, 128 S., 14 Zeichnungen, kart. ●

Die große Lachparade
Neue Texte für heitere Vorträge und Ansagen. (0188) Von E. Müller, 80 S., kart. ●

So feiert man Feste fröhlicher
Heitere Vorträge und Gedichte.
(0098) Von Dr. Allos, 96 S., 15 Abb., kart. ●

Lustige Vorträge für fröhliche Feiern
(0284) Von K. Lehnhoff, 96 S., kart. ●

Vergnügliches Vortragsbuch
(0091) Von J. Plaut, 192 S., kart. ●

Humor und Stimmung
Ein heiteres Vortragsbuch. (0460) Von G. Wagner, 112 S., kart. ●

Humor und gute Laune
Ein heiteres Vortragsbuch. (0635) Von G. Wagner, 112 S., 5 Zeichnungen, kart. ●

Gereimte Vorträge
für Bühne und Bütt. (0567) Von G. Wagner, 96 S., kart. ●

Damen in der Bütt
Scherze, Büttenreden, Sketsche.
(0354) Von T. Müller, 136 S., kart. ●

Narren in der Bütt
Leckerbissen aus dem rheinischen Karneval. (0216) Zusammengestellt von T. Lücker, 112 S., kart. ●

Rings um den Karneval
Karnevalsscherze und Büttenreden. (0130) Von Dr. Allos, 144 S., 2 Zeichnungen, kart. ●●

Helau und Alaaf 1
Närrisches aus der Bütt.
(0304) Von E. Müller, 112 S., 4 Zeichnungen, kart. ●

Helau und Alaaf 2
Neue Büttenreden.
(0477) Von E. Luft, 104 S., kart. ●

Helau und Alaaf 3
Neue Reden für die Bütt. (0832) Von H. Fauser, 144 S., 13 Zeichnungen, kart. ●

Wir feiern Karneval
Festgestaltung und Reden für die närrische Zeit. (0904) Von M. Zweigler, 120 S., 4 Zeichnungen, kart. ●

Tolle Sketche
mit zündenden Pointen – zum Nachspielen. (0656) Von E. Cohrs, 112 S., kart. ●

Vergnügliche Sketche
(0476) Von H. Pillau, 96 S., 7 Zeichnungen, kart. ●

Fidele Sketche und heitere Vorträge
Humor zum Nachspielen. (0157) Von H. Ehnle. 96 S., kart. ●

Vorhang auf!
Neue Sketche für jung und alt.
(0898) Von H. Pillau, 96 S., 22 Zeichnungen, kart. ●

Sketche und spielbare Witze
für bunte Abende und andere Feste. (0445) Von H. Friedrich, 120 S., 7 Zeichnungen, kart. ●

Sketche
Kurzspiele zu amüsanter Unterhaltung.
(0247) Von M. Gering, 132 S., 16 Abb., kart., ●

Witzige Sketche zum Nachspielen
(0511) Von D. Hallervorden, 160 S., kart. ●●

Sketche und Blackouts zum Nachspielen
(0941) Von E. Cohrs, 112 S., 12 Zeichnungen, kart. ●

Locker vom Hocker
Witzige Sketche zum Nachspielen.
(4262) Von W. Giller, 144 S., 41 Zeichnungen, Pappband. ●●

Phantasievolles Schminken
Verzauberte Gesichter für Maskeraden, Laienspiel und Kinderfeste. (0907) Hrsg. von Y. u. H. Nadolny, 64 S., 227 Farbfotos, kart. ●●

Die Kleidermotte ernährt sich von nichts, sie frißt nur Löcher
Stilblüten, Sprüche und Widersprüche aus Schule, Zeitung, Rundfunk und Fernsehen. (0738) Von P. Haas, D. Kroppach, 112 S., zahlreiche Abb. kart. ●

Da lacht das Publikum
Neue lustige Vorträge für viele Gelegenheiten. (0716) Von H. Schmalenbach, 104 S., kart. ●

Witzig, witzig
(0507) Von E. Müller, 128 S., 16 Zeichnungen, kart. ●

Die besten Witze und Cartoons des Jahres 1
(0454) Hrsg. von K. Hartmann, 288 S., 125 Zeichnungen, geb. ●●

Die besten Witze und Cartoons des Jahres 4
(0579) Hrsg. von K. Hartmann, 288 S., 140 Zeichnungen, Pappband. ●●

Die besten Witze und Cartoons des Jahres 5
(0642) Hrsg. von K. Hartmann, 288 S., 88 Zeichnungen, Pappband. ●●

Die besten Witze und Cartoons des Jahres 6
(0916) Hrsg. von D. Kroppach, 288 S., 84 Zeichnungen, Pappband. ●●

Das Superbuch der Witze
(4146) Von B. Bornheim, 504 S., 54 Cartoons, Pappband. ●●

Witze
Lachen am laufenden Band (4241) Von J. Burkert, D. Kroppach, 400 S., 41 Zeichnungen, Pappband. ●●

Heller Wahnwitz
(0887) Von D. Kroppach, 220 S., 200 Vignetten, kart. ●

Spaßvögel
Über sexhundert komische Nummern.
(0888) Von E. Zeller, mit Limericks von W. Müller, 220 S., 200 Vignetten, kart. ●

Total bescheuert
Kinder- und Schülerwitze.
(0889) Von G. Geßner und E. Zeller, 220 S., 200 Vignetten, kart. ●

Die besten Beamtenwitze
(0574) Hrsg. von W. Pröve, 112 S., 59 Cartoons, kart. ●

Die besten Kalauer
(0705) Von K. Frank, 112 S., 12 Zeichnungen, kart., ●

Robert Lembkes Witzauslese
(0325) Von Robert Lembke, 160 S., 10 Zeichnungen von E. Köhler, Pappband. ●●

Fred Metzlers Witze mit Pfiff
(0368) Von F. Metzler, 112 S., kart. ●

O frivol ist mir am Abend
Pikante Witze von Fred Metzler. (0388) Von F. Metzler, 128 S., mit Karikaturen, kart. ●

Herrenwitze
(0589) Von G. Wilhelm, 112 S., 31 Zeichnungen, kart. ●

Witze am laufenden Band
(0461) Von F. Asmussen, 118 S., kart. ●

Horror zum Totlachen
Gruselwitze
(0536) Von F. Lautenschläger, 96 S., 44 Zeichnungen, kart. ●

Die besten Ostfriesenwitze
(0495) Hrsg. von O. Freese, 80 S., 15 Zeichnungen, kart. ●

Olympische Witze
Sportlerwitze in Wort und Bild.
(0505) Von W. Willnat, 112 S., 126 Zeichnungen, kart. ●

Ich lach mich kaputt! Die besten Kinderwitze
(0545) Von E. Hannemann, 128 S., 15 Zeichnungen, kart. ●

Die hier vorgestellten Bücher, Videokassetten und Software sind in folgende Preisgruppen unterteilt:

● Preisgruppe bis DM 10,–/S 79,–
●● Preisgruppe über DM 10,– bis DM 20,– S 80,– bis S 160,–
●●● Preisgruppe über DM 20,– bis DM 30,– S 161,– bis S 240,–
●●●● Preisgruppe über DM 30,– bis DM 50,– S 241,– bis S 400,–
●●●●● Preisgruppe über DM 50,–/S 401,–
*(unverbindliche Preisempfehlung)

Die Preise entsprechen dem Status beim Druck dieses Verzeichnisses (s. Seite 1) – Änderungen, im besonderen der Preise, vorbehalten –

FALKEN

Lach mit!
Witze für Kinder, gesammelt von Kindern. (0468) Hrsg. von W. Pröve, 96 S., 17 Zeichnungen, kart. ●

Die besten Kinderwitze
(0757) Von K. Rank, 112 S., 28 Zeichnungen, kart. ●

Lustige Sketche für Jungen und Mädchen
Kurze Theaterstücke für Jungen und Mädchen. (0669) Von U. Lietz und U. Lange, 104 S., kart. ●

Spielbare Witze für Kinder
(0824) Von H. Schmalenbach, 128 S., 30 Zeichnungen, kart. ●

Garten, Tiere, Umwelt

Garten heute
Der moderne Ratgeber · Über 1000 Farbbilder. (4283) Von H. Jantra, 384 S., über 1000 Farbabbildungen, Pappband. ●●●●

Das Gartenjahr
Arbeitsplan für den Hobbygärtner. (4075) Von G. Bambach, 152 S., 16 Farbtafeln, 141 Abb., kart. ●●

Gärtner Gustavs Gartenkalender
Arbeitspläne · Pflanzenporträts · Gartenlexikon. (4155) Von G. Schoser, 120 S., 146 Farbfotos, 13 Tabellen, 203 farbige Zeichnungen, Pappband. ●●●

Der richtige Schnitt von Obst- und Ziergehölzen, Rosen und Hecken
(0619) Von E. Zettl, 88 S., 8 Farbtafeln, 39 Zeichnungen, 21 s/w-Fotos, kart. ●

Blumenpracht im Garten
(5014) Von I. Manz, 64 S., 93 Farbfotos, Pappband. ●●

Blütenpracht in Haus und Garten
(4145) Von M. Haberer, u. a., 352 S., 1012 Farbfotos, Pappband. ●●●●

Sag's mit Blumen
Pflege und Arrangieren von Schnittblumen. (5103) Von P. Möhring, 64 S., 68 Farbfotos, 2 s/w-Abb., Pappband. ●●

Grabgestaltung
Bepflanzung und Pflege zu jeder Jahreszeit. (5120) Von N. Uhl, 64 S., 77 Farbfotos, 2 Zeichnungen, Pappband. ●●

Wintergärten
Das Erlebnis, mit der Natur zu wohnen. Planen, Bauen und Gestalten. (4256) Von LOG, ID, 136 S., 130 Farbfotos, 107 Zeichnungen, Pappband. ●●●●

Häuser in lebendigem Grün
Fassaden und Dächer mit Pflanzen gestalten. (0846) Von U. Mehl, K. Werk, 88 S., 116 Farbfotos, 4 Farb- und 17 s/w-Zeichnungen, kart. ●●

Rund ums Jahr erfolgreich gärtnern
Gewächshäuser
planen · bauen · einrichten · nutzen. (4408) Von Dr. G. Schoser, J. Wolff, 232 S., 315 Farbfotos, 5 s/w-Fotos, 53 Farbzeichnungen, Pappband. ●●●●●

Gartenteiche und Wasserspiele
planen, anlegen und pflegen. (4083) Von H. R. Sikora, 160 S., 31 Farb- und 31 s/w-Fotos, 73 Zeichnungen, Pappband. ●●●

Wasser im Garten
Von der Vogeltränke zum Naturteich – Natürliche Lebensräume selbst gestalten. (4230) Von H. Hendel, P. Keßeler, 240 S., 247 Farbfotos, 68 Farbzeichnungen, Pappband. ●●●●●

Mein kleiner Gartenteich
planen – anlegen – pflegen
(0851) Von I. Polaschek, 144 S., 85 Farbfotos, 10 Farbzeichnungen, kart. ●●

Leben im Naturgarten
Der Biogärtner und seine gesunde Umwelt. (4124) Von N. Jorek, 128 S., 68 s/w-Fotos, kart. ●●

So wird mein Garten zum Biogarten
Alles über die Umstellung auf naturgemäßen Anbau. (0706) Von I. Gabriel, 128 S., 73 Farbfotos, 54 Farbzeichnungen, kart. ●●

Gesunde Pflanzen im Biogarten
Biologische Maßnahmen bei Schädlingsbefall und Pflanzenkrankheiten. (0707) Von I. Gabriel, 128 S., 126 Farbfotos, 12 Farbzeichnungen, kart. ●●

Kosmische Einflüsse auf unsere Gartenpflanzen
Sterne beeinflussen Wachstum und Gesundheit der Pflanzen. (0708) Von I. Gabriel, 112 S., 57 Farbfotos, 43 Farbzeichnungen, kart. ●●

Der Biogarten unter Glas und Folie
Ganzjährig erfolgreich ernten. (0722) Von I. Gabriel, 128 S., 62 Farbfotos, 45 Farbzeichnungen, kart. ●●

Obst und Beeren im Biogarten
Gesunde und schmackhafte Früchte durch natürlichen Anbau. (0780)Von I. Gabriel, 128 S., 38 Farbfotos, 71 Farbzeichungen, kart. ●●

Kräuter und Heilpflanzen im Biogarten
Gesunde Ernte durch natürlichen Anbau. (0929) Von I. Gabriel, 112 S., 63 Farbfotos, 19 Farbzeichnungen, kart. ●●

Neuanlage eines Biogartens
Planung, Bodenvorbeitung, Gestaltung. (0721) Von I. Gabriel, 128 S., 73 Farbfotos, 39 Zeichnungen, kart. ●●

Der biologische Zier- und Wohngarten
Planen, Vorbereiten, Bepflanzen und Pflegen. (0748) Von I. Gabriel, 128 S., 72 Farbfotos, 46 Farbzeichnungen, kart. ●●

Gemüse im Biogarten
Gesunde Ernte durch naturgemäßen Anbau (0830) Von I. Gabriel, 128 S., 26 Farbfotos, 86 Farbzeichnungen, kart. ●●

Erfolgreich gärtnern
durch naturgemäßen Anbau
(4252) Von I. Gabriel, 416 S., 176 Farbfotos, 212 Farbzeichnungen, Pappband. ●●●

Das Bio-Gartenjahr
Arbeitsplan für naturgemäßes Gärtnern. (4169) Von N. Jorek, 128 S., 8 Farbtafeln, 70 s/w-Abb. kart. ●●

Selbstversorgung aus dem eigenen Anbau
Reichen Erntesegen verwerten und haltbar machen. (4182) Von M. Bustorf-Hirsch, M. Hirsch, 216 S., 270 Zeichnungen, Pappband. ●●●

Mischkultur im Nutzgarten
Mit Jahreskalender und Anbauplänen. (0651) Von H. Oppel, 112 S., 8 Farbtafeln, 23 s/w- Fotos, 29 Zeichnungen, kart. ●

Erfolgreich gärtnern mit
Frühbeet und Folie
(0828) Von Dr. Gustav Schoser, 88 S., 8 Farbtafeln, 46 s/w-Fotos, kart. ●

Erfolgstips für den Gemüsegarten
Mit naturgemäßem Anbau zu höherem Ertrag. (0674) Von F. Mühl, 80 S., 30 s/w-Fotos, 4 Zeichnungen, kart. ●

Erfolgstips für den Obstgarten
Gesunde Früchte durch richtige Sortenwahl und Pflege. (0827) Von F. Mühl, 184 S., 16 Farbtafeln, 33 Zeichnungen, kart. ●●

Erfolgstips für den Zierkarten
Schmuckpflanzen und Rasen richtig pflegen. (0930) Von F. Mühl, 156 S., 12 Farbtafeln, 26 s/w–Zeichnungen, kart. ●●

Gemüse, Kräuter, Obst aus dem Balkongarten – Erfolgreich ernten auf kleinstem Raum. (0694) Von S. Stein, 32 S., 34 Farbfotos, 6 Zeichnungen, Spiralbindung, kart. ●

Keime, Sprossen, Küchenkräuter
am Fenster ziehen – rund ums Jahr. (0658) Von F. und H. Jantzen, 32 S., 55 Farbfotos, Pappband. ●

Balkons in Blütenpracht
zu allen Jahreszeiten.
(5047) Von N. Uhl, 64 S., 80 Farbfotos, Pappband. ●●

Kletterpflanzen
Rankende Begrünung für Fassade, Balkon und Garten. (5140) Von M. Haberer, 64 S., 70 Farbabb., 2 Zeichnungen, Pappband. ●●

Mein Kräutergarten rund ums Jahr
Täglich schnittfrisch und gesund würzen. (4192) Von Prof. Dr. G. Lysek, 136 S., 15 Farbtafeln, 91 Zeichnungen, kart. ●●

Blühende Zimmerpflanzen
94 Arten mit Pflegeanleitungen. (5010) Von R. Blaich, 64 S., 107 Farbfotos, Pappband. ●●

Prof. Stelzers grüne Sprechstunde
Gesunde Zimmerpflanzen
Krankheiten erkennen und behandeln · Mit neuem Diagnosesystem. (4274) Von Prof. Dr. G. Stelzer, 192 S., 410 Farbfotos, 10 s/w-Zeichnungen, Pappband. ●●●●

365 Erfolgstips für schöne Zimmerpflanzen
(0893) Von H. Jantra, 144 S., 215 Farbfotos, kart. ●●

Videokassette
Pflanzenjournal
Blumen- und Pflanzenpflege im Jahreslauf. (6036) VHS, ca. 30 Min., in Farbe, ●●●●*

Blütenpracht in Grolit 2000
Der neue, mühelose Weg zu farbenprächtigen Zimmerpflanzen. (5127) Von G. Vocke, 64 S., 50 Farbfotos, Pappband. ●●

Ziergräser
Über 100 Arten erfolgreich kultivieren. (0829) Von H. Jantra, 104 S., 73 Farbfotos, 6 Farbzeichnungen, kart. ●●

Bonsai
Japanische Miniaturbäume und Miniaturlandschaften. Anzucht, Gestaltung und Pflege. (4091) Von B. Lesniewicz, 160 S., 106 Farbfotos, 46 s/w-Fotos, 115 Zeichnungen, gebunden. ●●●●●

Zimmerbäume, Palmen und andere Blattpflanzen
Standort, Pflege, Vermehrung, Schädlinge. (5111) Von G. Schoser, 96 S., 98 Farbfotos, 7 Zeichnungen, Pappband. ●●

Die hier vorgestellten Bücher, Videokassetten und Software sind in folgende Preisgruppen unterteilt:

● Preisgruppe bis DM 10,–/S 79,–
●● Preisgruppe über DM 10,– bis DM 20,– S 80,– bis S 160,–
●●● Preisgruppe über DM 20,– bis DM 30,– S 161,– bis S 240,–
●●●● Preisgruppe über DM 30,– bis DM 50,– S 241,– bis S 400,–
●●●●● Preisgruppe über DM 50,–/S 401,–
*(unverbindliche Preisempfehlung)

Die Preise entsprechen dem Status beim Druck dieses Verzeichnisses (s. Seite 1) – Änderungen, im besonderen der Preise, vorbehalten –

FALKEN

Biologisch zimmergärtnern
Zier- und Nutzpflanzen natürlich pflegen. (4144) Von N. Jorek, 152 S., 15 Farbtafeln, 120 s/w-Fotos, Pappband. ●●

Zimmerpflanzen in Hydrokultur
Leitfaden für problemlose Blumenpflege. (0660) Von H.-A. Rotter, 32 S., 76 Farbfotos, 8 farbige Zeichnungen, Pappband, ●

Kakteen und andere Sukkulenten
300 Arten mit über 500 Farbfotos. (4116) Von G. Andersohn, 316 S., 520 Farbfotos, 193 Zeichnungen, Pappband. ●●●●

Fibel für Kakteenfreunde
(0199) Von H. Herold, 102 S., 23 Farbfotos, 37 s/w-Abb., kart. ●

Kakteen
Herkunft, Anzucht, Pflege, Arten. (5021) Von W. Hoffmann, 64 S., 70 Farbfotos, Pappband. ●●

Faszinierende Formen und Farben
Kakteen
(4211) Von K. und F. Schild, 96 S., 127 Farbfotos, Pappband. ●●●

Falken-Handbuch **Orchideen**
Lebensraum, Kultur, Anzucht und Pflege. (4231) Von G. Schoser, 144 S., 121 Farbfotos, 28 Farbzeichnungen, Pappband. ●●●

Vogelhäuschen, Nistkästen, Vogeltränken
mit Plänen und Anleitungen zum Selbstbau. (0695) Von J. Zech 32 S., 42 Farbfotos, 6 Zeichnungen, Pappband. ●

Falken-Handbuch
Umweltschutz
Das Öko-Testbuch zur Eigeninitiative. (4160) Von M. Häfner, 352 S., 411 Farbf., 152 Farbzeichnungen, Pappband. ●●●●

Pilze
erkennen und benennen. (0380) Von J. Raithelhuber, 136 S., 110 Farbfotos, kart. ●●

Falken-Handbuch **Pilze**
Mit über 250 Farbfotos und Rezepten. (4061) Von M. Knoop, 276 S., 250 Farbfotos, Pappband. ●●●●

Speisepilze aus eingener Zucht
Anbau · Pflege · Zubereitung (0909) Von U. Groos, 72 S., 8 Farbtafeln, 16 s/w-Zeichnungen, kart. ●

Grizimek Juniors **BUNTE TIERWELT**
(4295) Von Chr. Grizimek, 208 S., 308 Farbfotos, Pappband. ●●●

Falken-Handbuch **Katzen**
(4158) Von B. Gerber, 176 S., 294 Farb- und 88 s/w-Fotos, Pappband. ●●●●

Katzen
Rassen · Haltung · Pflege. (4216) Von B. Eilert-Overbeck, 96 S., 82 Farbfotos, Pappband. ●●●

Das neue Katzenbuch
Rassen – Aufzucht – Pflege. (0427) Von B. Eilert-Overbeck, 136 S., 14 Farbfotos, 26 s/w-Fotos, kart. ●

Katzenkrankheiten
Erkennung und Behandlung. Steuerung des Sexualverhaltens. (0652) Von Dr. med. vet. R. Spangenberg, 176 S., 64 s/w-Fotos, 4 Zeichnungen, kart. ●

Falken-Handbuch **Hunde**
(4118) Von H. Bielfeld, 176 S., 222 Farb- und 73 s/w-Abb., Pappband. ●●●●

Hunde
Rassen · Erziehung · Haltung. (4209) Von H. Bielfeld, 96 S., 101 Farbfotos, Pappband. ●●●

Das neue Hundebuch
Rassen · Aufzucht · Pflege. (0009) Von W. Busack, überarbeitet von Dr. med. vet. A. H. Hacker und H. Bielfeld, 112 S., 8 Farbtafeln, 27 s/w-Fotos, 6 Zeichnungen, kart. ●

Falken-Handbuch
Der Deutsche Schäferhund
(4077) Von U. Förster, 228 S., 160 Abb., Pappband. ●●●

Der Deutsche Schäferhund
Aufzucht, Pflege und Ausbildung. (0073) Von A. Hacker, 104 S., 56 Abb., kart. ●

Dackel, Teckel, Dachshund
Aufzucht · Pflege · Ausbildung. (0508) Von M. Wein-Gysae, 112 S., 4 Farbtafeln, 43 s/w-Fotos, 2 Zeichnungen, kart. ●

Hundeausbildung
Verhalten – Gehorsam – Abrichtung. (0346) Von Prof. Dr. R. Menzel, 96 S., 18 Fotos, kart. ●

Grundausbildung für Gebrauchshunde
Schäferhund, Boxer, Rottweiler, Dobermann, Riesenschnauzer, Airedaleterrier, Hovawart und Bouvier. (0801) Von M. Schmidt und W. Koch, 104 S., 8 Farbtafeln, 51 s/w-Fotos, 5 s/w-Zeichnungen, kart. ●

Hundekrankheiten
Erkennung und Behandlung, Steuerung des Sexualverhaltens. (0570) Von Dr. med. vet. R. Spangenberg, 128 S., 68 s/w-Fotos, 10 Zeichnungen, kart. ●

Falken-Handbuch **Pferde**
(4186) Von H. Werner, 176 S., 196 Farb-und 50 s/w-Fotos, 100 Zeichnungen, Pappband. ●●●●

Wellensittiche
Arten · Haltung · Pflege · Sprechunterricht · Zucht. (5136) Von H. Bielfeld, 64 S., 59 Farbfotos, Pappband. ●●

Papageien und Sittiche
Arten · Pflege · Sprechunterricht. (0591) Von H. Bielfeld, 112 S., 8 Farbtafeln, kart. ●

Geflügelhaltung als Hobby
(0749) Von M. Baumeister, H. Meyer, 184 S., 8 Farbtafeln, 47 s/w-Fotos, 15 Zeichnungen, kart. ●●

Das Süßwasser-Aquarium
Einrichtung · Pflege · Fische · Pflanzen. (0153) Von H. J. Mayland, 152 S., 16 Farbtafeln, 43 s/w-Zeichnungen, kart. ●●

Falken-Handbuch
Süßwasser-Aquarium
(4191) Von H. J. Mayland, 288 S., 564 Farbfotos, 75 Zeichnungen, Pappband. ●●●●

DIE TIERSPRECHSTUNDE
Tiere im Wassergarten
(0808) Von Dr. med. vet. E. M. Bartenschlager, 96 S., 84 Farbfotos, 7 Zeichnungen, kart. ●

DIE TIERSPRECHSTUNDE
Sittiche und kleine Papageien
(0864) Von Dr. med. vet. E. M. Bartenschlager, 88 S., 84 Farbfotos, 9 Zeichnungen, kart. ●

DIE TIERSPRECHSTUNDE
Junge Katzen
(0862) Von Dr. med. vet. E. M. Bartenschlager, 72 S., 40 Farbfotos, 4 Farbzeichnungen, kart. ●

DIE TIERSPRECHSTUNDE
Alles über Igel in Natur und Garten
(0810) Von Dr. med. vet. E. M. Bartenschlager, 68 S., 51 Farbfotos, kart. ●

DIE TIERSPRECHSTUNDE
Alles über Meerschweinchen
(0809) Von Dr. med. vet. E. M. Bartenschlager, 72 S., 43 Farbfotos, 11 Farbzeichnungen, kart. ●

DIE TIERSPRECHSTUNDE
Alles über junge Hunde
(0863) Von Dr. med. vet. E. M. Bartenschlager, 64 S., 49 Farbfotos, 6 Zeichnungen, kart. ●

DIE TIERSPRECHSTUNDE
Richtige Hundeernährung
(0811) Von Dr. med. vet. E. M. Bartenschlager, 80 S., 51 Farbfotos, 4 Farbzeichnungen, kart. ●

Dinosaurier
und andere Tiere der Urzeit. (4219) Von G. Alschner, 96 S., 81 Farbzeichnungen, 4 Fotos, Pappband. ●●●

Mensch und Gesundheit

Die Frau als Hausärztin
Der unentbehrliche Ratgeber für die Gesundheit. (4072) Von Dr. med. A. Fischer-Dückelmann, 808 S., 14 Farbtafeln, 146 s/w-Fotos, 203 Zeichnungen, Pappband. ●●●

Dr. Reitners großes Gesundheitslexikon
Mit über 5000 Stichwörtern. (4282) Von Dr. med. H.-J. Lewitzka-Reitner, in Zusammenarbeit mit P. Janknecht und U. Kannapinn, 504 S., 424 s/w-Abbildungen, Pappband. ●●

Sexualberatung
(0402) Von Dr. M. Röhl, 168 S., 8 Farbtafeln, 17 Zeichnungen, Pappband. ●●

Die Kunst des Stillens
nach neuesten Erkenntnissen (0701) Von Prof. Dr. med. E. Schmidt, S. Brunn, 112 S., 20 Fotos und Zeichnungen, kart. ●

Wenn Sie ein Kind bekommen
(4003) Von U. Klamroth, Dr. med. H. Oster, 240 S., 86 s/w-Fotos, 30 Zeichnungen, kart. ●●●

Der moderne Ratgeber
Wir werden Eltern
Schwangerschaft · Geburt · Erziehung des Kleinkindes. (4269) Von B. Nees-Delaval, 376 S., 335 zweifarbige Abbildungen, Pappband. ●●●●

Vorbereitung auf die Geburt
Schwangerschaftsgymnastik, Atmung, Rückbildungsgymnastik. (0251) Von S. Buchholz, 112 S., 98 s/w-Fotos, kart. ●

Wie soll es heißen?
(0211) Von D. Köhr, 136 S., kart. ●

Das Babybuch
Pflege · Ernährung · Entwicklung. (0531) Von A. Burkert, 128 S., 16 Farbtafeln, 38 s/w-Fotos, 30 Zeichnungen, kart. ●●

Wenn der Mensch zum Vater wird
Ein heiter-besinnlicher Ratgeber. (4259) Von D. Zimmer, 160 S., 20 Zeichnungen, Pappband. ●●

Wenn Kinder krank werden
Medizinischer Ratgeber für Eltern. (4240) Von Dr. med. I. J. Chasnoff, B. Nees-Delaval, 232 S., 163 Zeichnungen, Pappband. ●●●

Die hier vorgestellten Bücher, Videokassetten und Software sind in folgende Preisgruppen unterteilt:

● Preisgruppe bis DM 10,–/S 79,–
●● Preisgruppe über DM 10,– bis DM 20,– S 80,– bis S 160,–
●●● Preisgruppe über DM 20,– bis DM 30,– S 161,– bis S 240,–
●●●● Preisgruppe über DM 30,– bis DM 50,– S 241,– bis S 400,–
●●●●● Preisgruppe über DM 50,–/S 401,–
*(unverbindliche Preisempfehlung)

Die Preise entsprechen dem Status beim Druck dieses Verzeichnisses (s. Seite 1) – Änderungen, im besonderen der Preise, vorbehalten –

Psycho-Tests
– Erkennen Sich sich selbst. (0710) Von B. M. Nash, R. B. Monchick, 304 S., 81 Zeichnungen, kart. ●●

FALKEN-SOFTWARE
Ego-Tests
Sich und andere besser erkennen und verstehen. (7012) Diskette für IBM PC kompatible (MS DOS) mit Begleitheft. ●●●●●*

Frauenträume – Männerträume
und ihre Bedeutung. (4198) Von G. Senger, 272 S., mit Traumlexikon, Pappband. ●●●

Wie Sie im Schlaf das Leben meistern
Schöpferisch träumen
Der Klartraum als Lebenshilfe. (4258) Von Prof. D. P. Tholey, K. Utecht. 256 S., 1 s/w-Foto, 20 Zeichnungen, Pappband. ●●●

So deutet man Träume
Die Bildersprache des Unbewußten. (0444) Von G. Haddenbach, 160 S., Pappband. ●

Bildatlas des menschlichen Körpers
(4177) Von G. Pogliani, V. Vannini, 112 S., 402 Farbabb. 28 s/w-Fotos, Pappband. ●●●

Ratgeber Aids
Entstehung, Ansteckung, Krankheitsbilder, Heilungschancen, Schutzmaßnahmen. (0803) Von B. Baartman, Vorwort von Dr. med. H. Jäger, 112 S., 8 Farbtafeln, 4 Grafiken, kart. ●●

Enzyme
Vitalstoffe für die Gesundheit. (0677) Von G. Leibold, 96 S., kart. ●

Heilfasten
(0713) Von G. Leibold, 108 S., kart. ●

Besser leben durch Fasten
(0841) Von G. Leibold, 100 S., kart. ●

Fastenkuren
Wege zur gesunden Lebensführung. Rezepte und Tips für die Nachfastenzeit. Kurzfasten · Saftfastenkuren · Fastenschalttage · Heilfasten. (4248) Von Ha. A. Mehler, H. Keppler, 144 S., 16 s/w-Fotos, 9 Zeichnungen, Pappband. ●●●

Aus dem Schatz der Naturmedizin
Heilkräuterkuren
(4268) Von Dr. med. E. Rauch, Dr. rer. nat. P. Kruletz, 144 S., 49 Zeichnungen, kart. ●●

Rheuma behandeln und lindern
Mit einem Vorwort von Dr. med. Max-Otto-Bruker. (0836) Von G. Leibold, 100 S., kart. ●

Die echte Schroth-Kur
(0797) Von Dr. med. R. Schroth, 88 S., 2 s/w-Fotos, kart. ●

Streß bewältigen durch Entspannung
(0834) Von Dr. med. Chr. Schenk, 88 S., 29 Zeichnungen, kart. ●

Gesundheit und Spannkraft durch Yoga
(0321) Von L. Frank und U. Ebbers, 112 S., 50 s/w-Fotos, kart. ●

Yoga für jeden
(0341) Von K. Zebroff, 156 S., 135 Abb., Spiralbindung, ●●●

Yoga für Schwangere
Der Weg zur sanften Geburt. (0777) Von V. Bolesta-Hahn, 108 S., 76 zweifarbige Abb. kart. ●●

Yoga gegen Haltungsschäden und Rückenschmerzen
(0394) Von A. Raab, 104 S., 215 Abb., kart. ●

Bauch, Taille und Hüfte gezielt formen durch
Aktiv-Yoga
(0709) Von K. Zebroff, 112 S., 102 Farbfotos, kart. ●●

Hypnose und Autosuggestion
Methoden – Heilwirkungen – praktische Beispiele. (0483) Von G. Leibold, 120 S., 9 Illustrationen, kart. ●

Kneippkuren zu Hause
(0779) Von G. Leibold, 112 S., 25 Zeichnungen, kart. ●

Krebsangst und Krebs behandeln
Mit einem Vorwort von Prof. Dr. med. Friedrich Douwes. (0839) Von G. Leibold, 104 S., kart. ●

Allergien behandeln und lindern
Mit einem Vorwort von Prof. Dr. med. Axel Stemmann. (0840) Von G. Leibold, 104 S., 4 Zeichnungen, kart. ●

Besser sehen durch Augentraining
Ein Gesundheitsprogramm zur Verbesserung des Sehvermögens. (0914) Von K. Schutt, B. Rumpler, 96 S., 32 s/w-Zeichnungen, kart. ●

Darmleiden
Krankheitsbilder, Behandlung, Selbstbehandlung, Richtige Lebensführung und Ernährung. (0798) Von Dr. med. K. Steffens, 112 S., 46 Zeichnungen, kart. ●

Massage
(0750) Von B. Rumpler, K. Schutt, 112 S., 116 zweifarbige Zeichnungen, kart. ●●

Fußmassage
Reflexzonentherapie am Fuß (0714) Von G. Leibold, 96 S., 38 Zeichnungen, kart. ●

Rheuma und Gicht
Krankheitsbilder, Behandlung, Therapieverfahren, Selbstbehandlung, Richtige Lebensführung und Ernährung. (0712) Von Dr. J. Höder, J. Bandick, 104 S., kart. ●

Diabetes
Krankheitsbild, Therapie, Kontrollen, Schwangerschaft, Sport, Urlaub, Alltagsprobleme, Neueste Erkenntnisse der Diabetesforschung. (0895) Von Dr. med. H. J. Krönke, 120 S., 4 Farbtafeln, 14 s/w-Fotos, 13 s/w-Zeichnungen, kart. ●

Krampfadern
Ursachen, Vorbeugung, Selbstbehandlung, Therapieverfahren. (0727) Von Dr. med. K. Steffens, 96 S., 38 Abb., kart. ●

Gallenleiden
Krankheitsbilder, Behandlung, Therapieverfahren, Selbstbehandlung, Richtige Lebensführung und Ernährung. (0673) Von Dr. med. K. Steffens, 104 S., 34 Zeichnungen, kart. ●

Asthma
Pseudokrupp, Bronchitis und Lungenemphysem. (0778) Von Prof. Dr. med. W. Schmidt, 120 S., 56 Zeichnungen, kart. ●

Autogenes Training
Anwendung · Heilwirkungen · Methoden. (0541) Von R. Faller, 128 S., 3 Zeichnungen, kart. ●

Die fernöstliche Fingerdrucktherapie Shiatsu
Anleitungen zur Selbsthilfe – Heilwirkungen. (0615) Von G. Leibold, 196 S., 180 Abb., kart. ●●

Eigenbehandlung durch Akupressur
Heilwirkungen – Energielehre – Meridiane. (0417) Von G. Leibold, 152 S., 78 Abb., kart. ●

Chinesische Naturheilverfahren
Selbstbehandlung mit bewährten Methoden der physikalischen Therapie. Atemtherapie · Heilgymnastik · Selbstmassage · Vorbeugen · Behandeln · Entspannen. (4247) Von F. T. Lie, 160 S., 292 zweifarbige Zeichnungen, Pappband. ●●●

Massagetechniken und Heilanzeigen
Reflexzonentherapie
(4404) Von G. Leibold, 128 S., 53 Farbzeichnungen, Pappband. ●●●

Chinesisches Schattenboxen
Tai-Ji-Quan
für geistige und körperliche Harmonie. (0850) Von F. T. Lie, 120 S., 221 s/w-Fotos, 9 s/w-Zeichnungen, Beilage: 1 s/w-Poster mit zahlreichen Abbildungen, kart. ●●

Gesundheit durch altbewährte Kräuterrezepte und Hausmittel aus der
Natur-Apotheke
(4156) Von G. Leibold, 236 S., 8 Farbtafeln, 100 Zeichnungen, kart., ●●

Heiltees und Kräuter für die Gesundheit
(4123) Von G. Leibold, 136 S., 15 Farbtafeln, 16 Zeichnungen, kart. ●●

Falken-Handbuch **Heilkräuter**
Modernes Lexikon der Pflanzen und Anwendungen (4076) Von G. Leibold, 392 S., 183 Farbfotos, 22 Zeichnungen, geb. ●●●●

Kochen für Diabetiker
Gesund und schmackhaft für die ganze Familie. (4132) Von M. Toeller, W. Schumacher, A. C. Groote, 224 S., 109 Farbfotos, 94 Zeichnungen, Pappband. ●●●

Neue Rezepte für Diabetiker-Diät
Vollwertig – abwechslungsreich - kalorienarm. (0418) Von M. Oehlrich, 120 S., 8 Farbtafeln, kart. ●

Diät bei Krankheiten des Magens und Zwölffingerdarms
Rezeptteil von B. Zöllner. (3201) Von Prof. Dr. med. H. Kaess, 96 S., 35 Farbfotos, 1 s/w-Zeichnung, kart. ●●

Diät bei Herzkrankheiten und Bluthochdruck
Salzarme (natriumarme) Kost, Rezeptteil von B. Zöllner. (3202) Von Prof. Dr. med. H. Rottka, 92 S., 4 Farbtafeln, kart. ●●

Diät bei Erkrankungen der Nieren, Harnwege und bei Dialysebehandlung
Rezeptteil von B. Zöllner. (3203) Von Prof. Dr. med. Dr. h. c. H. J. Sarre und Prof. Dr. med. R. Kluthe, 96 S., 33 Farbfotos, 1 s/w-Zeichnung, kart. ●●

Richtige Ernährung wenn man älter wird
Rezeptteil von B. Zöllner. (3204) Von Prof. Dr. med. H.-J. Pusch. 96 S., 36 Farbfotos und 3 s/w-Zeichnungen, kart. ●●

Diät bei Gicht und Harnsäuresteinen
Rezeptteil von B. Zöllner. (3205) Von Prof. Dr. med. N. Zöllner, 80 S., 4 Farbtafeln, kart. ●●

Diät bei Zuckerkrankheit
Rezeptteil von B. Zöllner. (3206) Von Prof. Dr. med. P. Dieterle, 112 S., 42 Farbfotos, 4 vierfarbige Vignetten, 1 s/w-Zeichnung, kart. ●●

Diät bei Krankheiten der Gallenblase, Leber und Bauchspeicheldrüse
Rezeptteil von B. Zöllner. (3207) Von Prof. Dr. med. H. Kasper, 88 S., 4 Farbtafeln, kart. ●●

Diät bei Störungen des Fettstoffwechsels und zur Vorbeugung der Arteriosklerose
Rezeptteil von B. Zöllner. (3208) Von Prof. Dr. med. G. Wolfram und Dr. med. O. Adam, 104 S., 4 Farbtafeln, kart. ●●

Diät bei Übergewicht
Rezeptteil von B. Zöllner. (3209) Von Prof. Dr. med. Ch. Keller, 104 S., 42 Farbfotos, 3 s/w-Zeichnungen, kart. ●●

Die hier vorgestellten Bücher, Videokassetten und Software sind in folgende Preisgruppen unterteilt:

● Preisgruppe bis DM 10,–/S 79,–
●● Preisgruppe über DM 10,– bis DM 20,– S 80,– bis S 160,–
●●● Preisgruppe über DM 20,– bis DM 30,– S 161,– bis S 240,–
●●●● Preisgruppe über DM 30,– bis DM 50,– S 241,– bis S 400,–
●●●●● Preisgruppe über DM 50,–/S 401,–
*(unverbindliche Preisempfehlung)

Die Preise entsprechen dem Status beim Druck dieses Verzeichnisses (s. Seite 1) – Änderungen, im besonderen der Preise, vorbehalten –

Diät bei Darmkrankheiten
Durchfall – Divertikulose, Reizdarm und Darmträgheit – einheimische Sprue (Zöliakie) – Disaccharidasemangel – Dünndarmresektion – Dumping Syndrom. Rezeptteil von B. Zöllner. (3211) Von Prof. Dr. med. G. Strohmeyer, 88 S., 4 Farbtafeln, kart. ●●

Ballaststoffreiche Kost bei Funktionsstörungen des Darms
Rezeptteil von B. Zöllner. (3212) Von Prof. Dr. med. H. Kasper, 96 S., 34 Farbfotos, 1 s/w-Foto, kart. ●●

Rat und Wissen

Der gute Ton
Ein moderner Knigge. (0063) Von I. Wolter, 168 S., 38 Zeichnungen, 53 s/w-Fotos, kart. ●

Haushaltstips von A bis Z
(0759) Von A. Eder, 80 S., 30 Zeichnungen, kart. ●

Familienforschung · Ahnentafel · Wappenkunde
Wege zur eigenen Familienchronik. (0744) Von P. Bahn, 128 S., 8 Farbtafeln, 30 Abbildungen, kart. ●●

Die Kunst der freien Rede
Ein Intensivkurs mit vielen Übungen, Beispielen und Lösungen. (4189) Von G. Hirsch, 232 S., 11 Zeichnungen, Pappband. ●●●

Reden zur Taufe, Kommunion und Konfirmation
(0751) Von G. Georg, 96 S., kart. ●

Der richtige Brief zu jedem Anlaß
Das moderne Handbuch mit 400 Musterbriefen. (4179) Von H. Kirst, 376 S., Pappband. ●●●

Wir heiraten
Ratgeber zur Vorbereitung und Festgestaltung der Verlobung und Hochzeit. (4188) Von C. Poensgen, 216 S., 8 s/w-Fotos, 30 s/w-Zeichnungen, 8 Farbtafeln, Pappband. ●●●

Wir feiern Hochzeit
Festgestaltung – phantasievoll und modern. (0943) Von H. J. Winkler, 120 S., kart. ●

Von der Verlobung zur Goldenen Hochzeit
(0393) Von E. Ruge, 120 S., kart. ●

Reden zur Hochzeit
Musteransprachen für Hochzeitstage. (0654) Von G. Georg, 112 S., kart. ●

Glückwünsche, Toasts und Festreden zur Hochzeit.
(0264) Von I. Wolter, 128 S., 18 Zeichnungen, kart. ●

Hochzeits- und Bierzeitungen
Muster, Tips und Anregungen. (0288) Von H.-J. Winkler, mit vielen Text- und Gestaltungsanregungen, 116 S., 15 Abb., 1 Musterzeitung, kart. ●

Kindergedichte zur Grünen, Silbernen und Goldenen Hochzeit
(0318) Von H.-J. Winkler, 104 S., 20 Abb., kart. ●

Kindergedichte für Familienfeste
(0860) Von B. H. Bull, 96 S., 20 Zeichnungen, kart. ●

Die Silberhochzeit
Vorbereitung · Einladung · Geschenkvorschläge · Dekoration · Festablauf · Menüs · Reden · Glückwünsche. (0542) Von K. F. Merkle, 120 S., 41 Zeichnungen, kart. ●

Großes Buch der Glückwünsche
(0255) Hrsg. von O. Fuhrmann, 176 S., 77 Zeichnungen und viele Gestaltungsvorschläge, kart. ●

Herzliche Glückwünsche!
Die schönsten Gedichte und Texte für viele Gelegenheiten. (0942) Hrsg. von B. H. Bull, 256 S., 50 Zeichnungen, Pappband. ●●

Neue Glückwunschfibel
für Groß und Klein. (0156) Von R. Christian-Hildebrandt, 96 S., kart. ●

Glückwunschverse für Kinder
(0277) Von B. Ulrici, 80 S., kart. ●

Die Redekunst
Rhetorik · Rednererfolg (0076) Von K. Wolter, überarbeitet von Dr. W. Tappe, 80 S., kart. ●

Reden und Ansprachen
für jeden Anlaß. (4009) Hrsg. von F. Sicker, 454 S., gebunden. ●●●

Reden zum Jubiläum
Musteransprachen für viele Gelegenheiten (0595) Von G. Georg, 112 S., kart. ●

Reden zum Ruhestand
Musteransprachen zum Abschluß des Berufslebens (0790) Von G. Georg, 104 S., kart. ●

Reden und Sprüche zu Grundsteinlegung, Richtfest und Einzug
(0598) Von A. Bruder, G. Georg, 96 S., kart. ●

Reden zu Familienfesten
Musteransprachen für viele Gelegenheiten. (0675) Von G. Georg, 112 S., kart. ●

Reden zum Geburtstag
Musteransprachen für familiäre und offizielle Anlässe. (0773) Von G. Georg, 104 S., kart. ●

Festreden und Vereinsreden
Ansprachen für festliche Gelegenheiten. (0069) Von K. Lehnhoff, E. Ruge, 88 S., kart. ●

Reden im Verein
Musteransprachen für viele Gelegenheiten. (0703) Von G. Georg, 112 S., kart., ●

Programm und Publikum
Der ständige Versuch einer Annäherung. Beiträge und Reden über das öffentlich-rechtliche Fernsehen. (0874) Von A. Schardt, 167 S., kart. ●●

Trinksprüche
Fest- und Damenreden in Reimen. (0791) Von L. Metzner, 88 S., 14 s/w-Zeichnungen, kart. ●

Trinksprüche, Richtsprüche, Gästebuchverse
(0224) Von D. Kellermann, 80 S., kart. ●

Ins Gästebuch geschrieben
(0576) Von K. H. Trabeck, 96 S., 24 Zeichnungen, kart. ●

Poesiealbumverse
Heiteres und Besinnliches. (0578) Von A. Göttling, 112 S., 20 Zeichnungen, Pappband. ●●

Verse fürs Poesiealbum
(0241) Von I. Wolter, 96 S., 20 Abb., kart. ●

Rosen, Tulpen, Nelken . . .
Beliebte Verse fürs Poesiealbum
(0431) Von W. Pröve, 96 S., 11 Faksimile-Abb., kart. ●

Der Verseschmied
Kleiner Leitfaden für Hobbydichter. Mit Reimlexikon. (0597) Von T. Parisius, 96 S., 28 Zeichnungen, kart. ●

Moderne Korrespondenz
Handbuch für erfolgreiche Briefe. (4014) Von H. Kirst und W. Manekeller, 544 S., Pappband. ●●●●

Der neue Briefsteller
Musterbriefe für alle Gelegenheiten. (0060) Von I. Wolter-Rosendorf, 112 S., kart. ●

Geschäftliche Briefe
des Privatmanns, Handwerkers, Kaufmanns. (0041) Von A. Römer, 120 S., kart. ●

Behördenkorrespondenz
Musterbriefe – Anträge – Einsprüche. (0412) Von E. Ruge, 120 S., kart. ●

Musterbriefe
für alle Gelegenheiten. (0231) Hrsg. von O. Fuhrmann, 240 S., kart. ●

Privatbriefe
Muster für alle Gelegenheiten. (0114) Von I. Wolter-Rosendorf, 132 S., kart. ●

Briefe zu Geburt und Taufe
Glückwünsche und Danksagungen. (0802) Von H. Beitz, 96 S., 12 Zeichnungen, kart. ●

Briefe zum Geburtstag
Glückwünsche und Danksagungen (0822) Von H. Beitz, 104 S., 22 Zeichnungen, kart. ●

Briefe zur Hochzeit
Glückwünsche und Danksagungen (0852) Von R. Röngen, 96 S., 1 Zeichnung, 39 Vignetten, kart. ●

Briefe der Liebe
Anregungen für gefühlvolle und zärtliche Worte. (0903) Hrsg. von H. Beitz, 96 S., 4 Zeichnungen, kart. ●

Erfolgstips für den Schriftverkehr
Briefwechsel leicht gemacht durch einfachen Stil und klaren Ausdruck (0678) Von U. Schoenwald, 120 S., kart. ●

Worte und Briefe der Anteilnahme
(0464) Von E. Ruge, 128 S., mit vielen Abb., kart. ●

Reden in Trauerfällen
Musteransprachen für Beerdigungen und Trauerfeiern (0736) Von G. Georg, 104 S., kart. ●

In Anerkennung Ihrer . . .
Lob und Würdigung in Briefen und Reden
(0535) Von H. Friedrich, 136 S., kart. ●

Das große farbige Kinderlexikon
(4195) Von U. Kopp, 320 S., 493 Farbabb., 17 s/w-Fotos, Pappband. ●●●

ZDF · ORF · DRS
Kompaß Jugend-Lexikon
(4096) Von R. Kerler, J. Blum, 336 S., 766 Farbfotos, 39 s/w-Abb., Pappband. ●●●●

Elternsache Grundschule
(0692) Hrsg. von K. Meynersen, 324 S., kart. ●●●

Vom Urkrümel zum Atompilz
Evolution – Ursache und Ausweg aus der Krise. (4181) Von J. Voigt, 188 S., 20 Farb- und 70 s/w-Fotos, 32 Zeichnungen, kart. ●●

Neues Denken – alte Geister
New Age unter der Lupe. (4278) Von G. Myrell, Dr. W. Schmandt, J. Voigt, 176 S., 54 Farbfotos, 3 Zeichnungen, kart. ●●

Die hier vorgestellten Bücher, Videokassetten und Software sind in folgende Preisgruppen unterteilt:

● Preisgruppe bis DM 10,–/S 79,–
●● Preisgruppe über DM 10,– bis DM 20,– S 80,– bis S 160,–
●●● Preisgruppe über DM 20,– bis DM 30,– S 161,– bis S 240,–
●●●● Preisgruppe über DM 30,– bis DM 50,– S 241,– bis S 400,–
●●●●● Preisgruppe über DM 50,–/S 401,–
*(unverbindliche Preisempfehlung)

Die Preise entsprechen dem Status beim Druck dieses Verzeichnisses (s. Seite 1) – Änderungen, im besonderen der Preise, vorbehalten –

Schülerlexikon der Mathematik
Formeln, Übungen und Begriffserklärungen für die Klassen 5–10. (0430) Von R. Müller, 176 S., 96 Zeichnungen, kart. ●

Mathematik verständlich
Zahlenbereiche Mengenlehre, Algebra, Geometrie, Wahrscheinlichkeitsrechnung, Kaufmännisches Rechnen. (4135) Von R. Müller, 652 S., 10 s/w- und 109 Farbfotos, 802 farbige und 79 s/w-Zeichnungen, über 2500 Beispiele und Übungen mit Lösungen, Pappband. ●●●●●

Mathematische Formeln für Schule und Beruf
Mit Beispielen und Erklärungen. (0499) Von R. Müller, 156 S., 210 Zeichnungen, kart. ●

Rechnen aufgefrischt
für Schule und Beruf. (0100) Von H. Rausch, 144 S., kart. ●

Physik verständlich
Förderkurs für die Klassen 7 bis 10 (0926) Von Dr. Th. Neubert, 136 S., 146 s/w-Zeichnungen, 166 Aufgaben, kart. ●●

Mehr Erfolg in Schule und Beruf
Besseres Deutsch
Mit Übungen und Beispielen für Rechtschreibung, Diktate, Zeichensetzung, Aufsätze, Grammatik, Literaturbetrachtung, Stil, Briefe, Fremdwörter, Reden. (4115) Von K. Schreiner, 444 S., 7 s/w-Fotos, 27 Zeichnungen, Pappband. ●●●

Richtiges Deutsch
Rechtschreibung · Zeichensetzung · Grammatik · Stilkunde. (0551) Von K. Schreiner, 128 S., 7 Zeichnungen, kart. ●

Diktate besser schreiben
Übungen zur Rechtschreibung für die Klassen 4–8. (0469) Von K. Schreiner, 152 S., 31 Zeichnungen, kart. ●

Aufsätze besser schreiben
Förderkurs für die Klassen 4–10. (0429) Von K. Schreiner, 144 S., 4 s/w-Fotos, 27 Zeichnungen, kart. ●

Deutsche Grammatik
Ein Lern- und Übungsbuch. (0704) Von K. Schreiner, 112 S., kart. ●

Mehr Erfolg in der Schule
Deutsche Rechtschreibung und Grammatik
Übungen und Beispiele für die Klassen 5–10. (4407) Von K. Schreiner, 256 S., durchgehend zweifarbig, Pappband. ●●●

Mehr Erfolg in der Schule
Der Deutschaufsatz
Übungen und Beispiele für die Klassen 5–10. (4271) Von K. Schreiner, 240 S., 4 s/w-Fotos, 51 Zeichnungen, Pappband. ●●●

Richtige Zeichensetzung
durch neue, vereinfachte Regeln. Erläuterungen der Zweifelsfragen anhand vieler Beispiele. (0774) Von Prof. Dr. Ch. Stetter, 160 S., kart. ●

Richtige Groß- und Kleinschreibung
durch neue, vereinfachte Regeln. Erläuterungen der Zweifelsfragen anhand vieler Beispiele. (0897) Von Prof. Dr. Ch. Stetter, 96 S., kart. ●

Besseres Englisch
Grammatik und Übungen für die Klassen 5 bis 10. (0745) Von E. Henrichs, 144 S., ●●

The Grammar Master
Englische Grammatik üben und beherrschen. (7002) Diskette für den C 64/C 128 (im 64er Modus) ●●●●*

Vokabeltrainer Englisch
Von B. Hoppius. (7001) Wendediskette für C 64/C 128 PC, mit Begleitheft. ●●●●* (7007) Wendediskette für Atari ST 520/1040, mit Begleitheft. ●●●●●*

Take a Trip to Britain
(7004) Von reLine, Diskette für C 64/C 128 PC, mit Begleitheft. ●●●●*

Schnell und sicher zum Führerschein
Tips und Tricks aus 30jähriger-Fahrschul-Praxis. (0921) Von O. Einert, 152 S., 156 Farbfotos, 161 z. T. farb. Zeichnungen, kart. ●●

Maschinenschreiben für Kinder
(0274) Von H. Kaus, 48 S., farbige Abb., kart. ●

So lernt man leicht und schnell
Maschinenschreiben
Lehrbuch für Schulen, Lehrgänge und Selbstunterricht. (0568) Von M. Kempkes, 112 S., 31 s/w- Fotos, 36 Zeichnungen, kart. ●●

Maschinenschreiben durch Selbstunterricht
(0170) Von A. Fonfara, 84 S., kart. ●

Maschinenschreiben
In 10 Tagen spielend gelernt. Von Unterrichtsmedien Hoppius. (7008) Diskette für den C 64 und C 128 PC ●●●●* (7009) für IBM PC + kompatible, ●●●●●* (7010) für Schneider CPC 464, 664, 6128, ●●●●●*

Stenografie leicht gelernt
im Kursus oder Selbstunterricht. (0266) Von H. Kaus, 64 S., kart. ●

Buchführung
leicht gefaßt. Ein Leitfaden für Handwerker und Gewerbetreibende. (0127) Von R. Pohl. 104 S., kart. ●

Buchführung leicht gemacht
Ein methodischer Grundkurs für den Selbstunterricht. (4238) Von D. Machenheimer, R. Kersten, 252 S., Pappband. ●●●

Erfolgreiche Kaufmannspraxis
Wirtschaftliche Grundlagen, Geld, Kreditwesen, Steuern, Betriebsführung, Recht, EDV. (4046) Von W. Göhler, H. Gölz, M. Heibel, Dr. D. Machenheimer, 544 S., gebunden. ●●●●

Familienrecht
Ehe – Scheidung – Unterhalt. (4190) Von T. Drewes, R. Hollender, 368 S., Pappband. ●●●

Scheidung und Unterhalt
nach dem neuen Eherecht. Mit dem Unterhaltsänderungsgesetz 1986. (0403) Von T. Drewes, 112 S., mit Kosten und Unterhaltstabellen, kart. ●

Erziehungsgeld, Mutterschutz, Erziehungsurlaub
Alles über das neue Recht für Eltern. Mit den Gesetzestexten. (0835) Von J. Grönert, 144 S., kart. ●●

Endlich 18 und nun?
Rechte und Pflichten mit der Volljährigkeit. (0646) Von R. Rathgeber, 224 S., 27 Zeichnungen, kart. ●●

Was heißt hier minderjährig?
(0765) Von R. Rathgeber, C. Rummel, 148 S., 50 Fotos, 25 Zeichnungen, kart. ●●

Erbrecht und Testament
Mit Erläuterungen des Erbschaftssteuergesetzes von 1974. (0046) Von Dr. jur. H. Wandrey, 124 S., kart. ●

Testament und Erbschaft
Erbfolge, Rechte und Pflichten der Erben, Erbschafts- und Schenkungssteuer, Mustertestamente. (4139) Von T. Drewes, R. Hollender, 304 S., Pappband. ●●●

Mein letzter Wille
Ratgeber für Erblasser, Erben und Hinterbliebene. (0939) Von T. Drewes, 136 S., 9 s/w-Zeichnungen, kart. ●●

Präzise Ratschläge für
Ihre optimale Rente
Vorbereitung · Berechnungsgrundlagen · Gesetzesänderungen · Individuelle Rechenbeispiele. (0806) Von K. Möcks, 96 S., 24 Formulare, 1 Graphik, kart. ●

Mietrecht
Leitfaden für Mieter und Vermieter. (0479) Von J. Beuthner, 196 S., kart. ●●

Wege zum Börsenerfolg
Aktien · Anleihen · Optionen (4275) Von H. Krause, 252 S., 4 s/w-Fotos, 86 Zeichnungen, Pappband. ●●●

So werde ich erfolgreich
Ratschläge und Tips für Beruf und Privatleben. (0918) Von H. Hans, 104 S., kart. ●●

99 Alternativen für Umsteiger
Mehr Freude am Leben mit dem richtigen Beruf. (4251) Von D. Maxeiner, P. Birkenmeier, 192 S., 143 Fotos, 46 Zeichnungen, kart. ●●●

Lebenslauf und Bewerbung
Beispiele für Inhalt, Form und Aufbau. (0428) Von H. Friedrich, 112 S. kart. ●

Erfolgreiche Bewerbungsbriefe und Bewerbungsformen
(0138) Von W. Manekeller, 88 S., kart. ●

Die erfolgreiche Bewerbung
Bewerbung und Vorstellung. (0173) Von W. Manekeller, 156 S., kart. ●

Die Bewerbung
Der moderne Ratgeber für Bewerbungsbriefe, Lebenslauf und Vorstellungsgespräche. (4138) Von W. Manekeller, 264 S., Pappband. ●●

Erfolgreiche Bewerbung um einen Ausbildungsplatz
(0715) Von H. Friedrich, 136 S., kart. ●

Die ersten Tage am neuen Arbeitsplatz
Ratschläge für den richtigen Umgang mit Kollegen und Vorgesetzten (0855) Von H. Friedrich, 104 S., kart. ●

Zeugnisse im Beruf
richtig schreiben, richtig verstehen. (0544) Von H. Friedrich, 112 S., kart. ●

Vorstellungsgespräche
sicher und erfolgreich führen. (0636) Von H. Friedrich, 144 S., kart. ●

Keine Angst vor Einstellungstests
Ein Ratgeber für Bewerber. (0793) Von Ch. Titze. 120 S., 67 Zeichnungen, kart. ●

Esoterik

Bauernregeln, Bauernweisheiten, Bauernsprüche
(4243) Von G. Haddenbach, 192 S., 62 Farbabb. 9 s/w-Fotos, 144 s/w-Zeichnungen, Pappband. ●●●

Gesund durch Gedankenenergie
Heilung im gemeinsamen Kraftfeld (6035) VHS, 45 Min., in Farbe ●●●●●*

Die hier vorgestellten Bücher, Videokassetten und Software sind in folgende Preisgruppen unterteilt:

● Preisgruppe bis DM 10,–/S 79,–
●● Preisgruppe über DM 10,– bis DM 20,– S 80,– bis S 160,–
●●● Preisgruppe über DM 20,– bis DM 30,– S 161,– bis S 240,–
●●●● Preisgruppe über DM 30,– bis DM 50,– S 241,– bis S 400,–
●●●●● Preisgruppe über DM 50,–/S 401,–
*(unverbindliche Preisempfehlung)

Die Preise entsprechen dem Status beim Druck dieses Verzeichnisses (s. Seite 1) – Änderungen, im besonderen der Preise, vorbehalten –

FALKEN

Die Magie der Zahlen
So nutzen Sie die Geheimnisse der Numerologie für Ihr persönliches Glück mit dem völlig neuen Planetennumeroskop
(4242) Von B. A. Mertz, 224 S., 36 Abbildungen, Pappband. ●●●

I Ging der Liebe
Das altchinesische Orakel für Partnerschaft und Ehe. (4244) Von G. Damian-Knight, 320 S., 64 s/w-Zeichnungen, Pappband. ●●●

Die neue Lebenshilfe **Biorhythmik**
Höhen und Tiefen der persönlichen Lebenskurven vorausberecnen und danach handeln. (0458) Von W. A. Appel, 157 S., 63 Zeichnungen, Pappband. ●●

Die neue Erkenntnisse zum Biorhythmus
Individuelle Rhythmogramme für Berufserfolg und Gesundheit, Partnerschaft und Freizeit, Beilage: Tagesformplaner.
(4276) Von H. Bott, 144 S., 35 s/w-Zeichnungen, Pappband. ●●●

Falken-Handbuch **Kartenlegen**
Wahrsagen mit Tarot-, Skat-, Lenormand- und Zigeunerblättern.
(4226) Von B. A. Mertz, 288 S., 38 Farb- und 108 s/w-Abb. Pappband. ●●●●

Wahrsagen mit Tarot-Karten
(0482) Von E. J. Nigg, 112 S., 4 Farbtafeln, 52 s/w-Abb., Pappband. ●●

Selbst Wahrsagen mit Karten
Die Zukunft in Liebe, Beruf und Finanzen. (0404) Von R. Koch, 112 S., 252 Abb., Pappband. ●●

Weissagen, Hellsehen, Kartenlegen ...
Wie jeder die geheimen Kräfte ergründen und für sich nutzen kann. (4153) Von G. Haddenbach, 192 S., 40 Zeichnungen, Pappband. ●●

Erkennen Sie Psyche und Charakter durch **Handdeutung**
(4176) Von B. A. Mertz, 252 S., 9 s/w-Fotos, 160 Zeichnungen, Pappband. ●●●●

Falken-Handbuch **Astrologie**
Charakterkunde · Schicksal · Liebe und Beruf · Berechnung und Deutung von Horoskopen · Aszendenttabelle. (4068) Von B. A. Mertz, 342 S., mit 60 erläuternden Grafiken, Pappband. ●●●

Die Familie im Horoskop
Glück und Harmonie gemeinsam erleben – Probleme und Gegensätze verstehen und tolerieren. (4161) Von B. A. Mertz, 296 S., 40 Zeichnungen, kart. ●●●

Aztekenhoroskop
Deutung von Liebe und Schicksal nach dem Aztekenkalender. (0543) Von C.-M. und R. Kerler, 160 S., 20 Zeichnungen, Pappband. ●

Was sagt uns das Horoskop?
Praktische Einführung in die Astrologie. (0655) Von B. A. Mertz, 176 S., 25 Zeichnungen, kart. ●

Das Super-Horoskop
Der neue Weg zur Deutung von Charaker, Liebe und Schicksal nach chinesischer und abendländischer Astrologie. (0465) Von G. Haddenbach, 175 S., kart. ●

Liebeshoroskop für die 12 Sternzeichen
Alles über Chancen, Beziehungen, Erotik, Zärtlichkeit, Leidenschaft. (0587) Von G. Haddenbach, 144 S., 11 Zeichnungen, kart. ●

Die 12 Sternzeichen
Charakter, Liebe und Schicksal. (0385) Von G. Haddenbach, 160 S., Pappband. ●●

Die 12 Tierzeichen im chinesischen Horoskop
(0423) Von G. Haddenbach, 128 S., Pappband. ●

Sternstunden
für Liebe, Glück und Geld, Berufserfolg und Gesundheit. Das ganz persönliche Mitbringsel für Widder (0621), Stier (0622), Zwillinge (0623), Krebs (0624), Löwe (0625), Jungfrau (0626), Waage (0627), Skorpion (0628), Schütze (0629), Steinbock (0630), Wassermann (0631), Fische (0632) Von L. Cancer, 62 S., durchgehend farbig, Zeichnungen, Pappband. ●

Computer-Bücher und Software

Computer Grundwissen
Eine Einführung in Funktion und Einsatzmöglichkeiten. (4302) Von W. Bauer, 176 Seiten, 193 Farb- und 12 s/w-Fotos, 37 Computergrafiken, kart., ●●●
(4301) Pappband, ●●●●

Einführung in die Programmiersprache BASIC. (4303) Von S. Curran und R. Curnow, 192 S., 92 Zeichnungen, kart. ●●

Intelligenz in BASIC
für Schneider CPC 464/664/6128. Mit Diskette 3". (4320) Von K.-H. Koch, 160 S., 14 Zeichnungen, kart. ●●●●●

Lernen mit dem Computer. (4304)
Von S. Curran und R. Curnow, 144 S., 34 Zeichnungen, Spiralbindung, ●●

Garantiert BASIC lernen mit dem C 128
Mit kompletter Kurs-Diskette
(4321) Von A. Görgens, 288 S., 4 s/w-Fotos, 83 Zeichnungen, kart. ●●●●

Grundwissen Informationsverarbeitung
(4314) Von H. Schiro, 312 S., 59 s/w-Fotos, 133 s/w-Zeichnungen, Pappband. ●●●●●

Heimcomputer-Bastelkiste
Messen, Steuern, Regeln mit C 64-, Apple II-, MSX-, TANDY-, MC-, Atari- und Sinclair-Computern. (4309) Von G. A. Karl, 256 S., 160 Zeichnungen, kart. ●●●●

WORDSTAR 2000
Textverarbeitung für Einsteiger und Profis
Mit erprobten Anwendungen aus der Praxis. (4317) Von D. Nasser, 200 S., 9 s/w-Fotos, 3 Zeichnungen, kart. ●●●●●

Drucker und Plotter
Text und Grafik für Ihren Computer. (4315) Von K.-H. Koch, 192 S., 12 Farbtafeln, 5 s/w-Fotos, kart. ●●●●

Computergrafik
Von den Grundlagen bis zum perfekten 3 D-Programm. (4319) Von A. Brück, 296 S., 20 Farbtafeln, 180 s/w-Grafiken, 50 s/w- Zeichnungen, 83 Listings, Pappband. ●●●●●

Textverarbeitung mit Home- und Personal-Computern
Systeme – Vergleiche – Anwendungen. (4316) Von A. Görgens, 128 S., 49 s/w-Fotos, kart. ●●●●

Die tägliche PC-Praxis
Anwendungshilfen, Programme und Erweiterungen für MS-DOS-Computer
(4322) Von A. Görgens, 224 S., 25 Abbildungen, kart. ●●●●

dBase III
Einführung für Einsteiger und Nachschlagewerk für Profis. (4310) Von J. Brehm, G. A. Karl, 211 S., 23 Abb., kart. ●●●●●

FALKEN PC PRAXIS
Desktop Publishing
Setzen und Drucken auf dem Schreibtisch. (4323) Von A. Görgens, 120 S., 11 s/w-Fotos, 72 Zeichnungen, kart. ●●●

FALKEN PC PRAXIS
WordStar Praxis professionell
Für die Versionen 3.4/3.45/4.0
Erweiterungen · Praxis-Tips · Datenaustausch · Desktop Publishing. (4324) Von A. Görgens, 172 S., 2 s/w-Fotos, 2 s/w-Zeichnungen, 116 s/w-Grafiken, kart. ●●●●

Die Super-Preisleistung

Die 100 bekanntesten und beliebtesten Volkslieder, mit wunderschönen Farbzeichnungen von Brian Bagnall, durchgehend farbig im Großformat als gebundener Pappband.

Kein schöner Land ... Das große Buch unserer beliebtesten Volkslieder. (0001) Hrsg. von Norbert Linke, 208 Seiten, 118 Farbzeichnungen, Pappband.

Erschienen in der F. Bassermann'schen Verlagsbuchhandlung Nachf.

Die hier vorgestellten Bücher, Videokassetten und Software sind in folgende Preisgruppen unterteilt:

● Preisgruppe bis DM 10,–/S 79,–
●● Preisgruppe über DM 10,– bis DM 20,– S 80,– bis S 160,–
●●● Preisgruppe über DM 20,– bis DM 30,– S 161,– bis S 240,–
●●●● Preisgruppe über DM 30,– bis DM 50,– S 241,– bis S 400,–
●●●●● Preisgruppe über DM 50,–/S 401,–
*(unverbindliche Preisempfehlung)

Die Preise entsprechen dem Status beim Druck dieses Verzeichnisses (s. Seite 1) – Änderungen, im besonderen der Preise, vorbehalten –

FALKEN

BIBLIOTHECA ÆSTHETICA

Carmina Burana

Ein bibliophiles Dokument von einzigartiger kulturgeschichtlicher Bedeutung.

(4292) Von Ingrid Schade, 128 Seiten, Faksimile-Druck, Leinen-Einband mit Prägung, im Schuber, mit 24seitiger Beilage, numerierte und handsignierte Auflage von 999 Exemplaren, **DM 498,–** S 3980.–

Bestellschein

Erfüllungsort und Gerichtsstand für Vollkaufleute ist der jeweilige Sitz der Lieferfirma. Für alle übrigen Kunden gilt dieser Gerichtsstand für das Mahnverfahren. Falls durch besondere Umstände Preisänderungen notwendig werden, erfolgt Auftragserledigung zu dem bei der Lieferung gültigen Preis.
Ich bestelle hiermit aus dem Falken-Verlag GmbH, Postfach 11 20, D-6272 Niedernhausen/Ts., durch die Buchhandlung:

Ex. ____________________

Ex. ____________________

Ex. ____________________

Ex. ____________________

Name: ____________________

Straße: ____________________ Ort: ____________________

Datum: ____________________ Unterschrift: ____________________

FALKEN

 Für die Schweiz: sFr.-Preise gemäß Preisauszeichnung in der Buchhandlung